D1619831

Drechsler **Die erfolgreiche Sekretärin**

Ursula Drechsler

Die erfolgreiche Sekretärin

Chefentlastung mit System
durch moderne Arbeitstechniken

Gondrom

Sonderausgabe für Gondrom Verlag GmbH & Co. KG, Bindlach 1993
Copyright © 1989 by Ursula Drechsler und
Wilhelm Heyne Verlag GmbH & Co. KG, München
Covergestaltung: CREATIV Werbe- und Verlagsgesellschaft
Ulrich Kolb, Leutenbach
ISBN: 3-8112-1014-9

Inhalt

Kapitel 3

Kapitel 4

Kapitel 5

Kapitel 6

Kapitel 7   Das rationelle Protokoll

Kapitel 8

Kapitel 11

Kapitel 12

Vorwort

In jahrelanger beruflicher Zusammenarbeit mit Sekretärinnen, durch eigene Sekretariatsorganisation und aus mei-
nen Erfahrungen als Trainerin bei Sekretärinnen- und
Führungskräfteschulungen hat sich etwas klar abgezeich-
net:

Sekretärinnen — sowohl aus der Wirtschaft als auch aus
der Verwaltung — interessieren sich für aktuelle, rationelle Sekretariatspraktiken und steuern aktiv verantwortli-
che, selbständige Aufgaben an.

Chefs wollen mehr delegieren, bevorzugen qualifizierte
Sekretärinnen, um gezielt wichtiger Tätigkeit nachgehen
zu können.

Das Sekretariat ist die Drehscheibe, von der aus die
Chefentlastung gesteuert werden muß.

Dieses Buch vermittelt deshalb Praxiswissen, das — richtig eingesetzt und auf die eigene Situation abgewandelt —
zu einer systematischen Sekretariatsarbeit führt. Die Themen der ausgewählten Kapitel könnten — jedes für sich
genommen — getrennte Fachbücher füllen. Der Bezug in
diesem Buch kreist um die **Chefentlastung**.

Auch Sekretärinnen, die jahrelange Berufserfahrung haben, sehen Weiterbildung und neue Informationen als
wichtige Grundlage für ihre Arbeit an. Sie wollen wissen,
wo sie stehen:

– ob sie auf dem heutigen Arbeitsmarkt den hohen Qualifikationsanforderungen entsprechen,

– ob sie ihre Sekretariatsarbeit noch besser abwickeln können,
– was sie für die Chefentlastung tun können.

Der **Aufbau des Buches** entspricht den genannten Vorstellungen. Es ist für alle geeignet, die mit Büroorganisation und Chefentlastung beauftragt sind.

● *Inhalt*
Praktische und sofort anwendbare Informationen und Empfehlungen zur systematischen Sekretariatsarbeit.

● *Möglichkeiten und Maßstäbe*
zur Überprüfung des persönlichen Wissensstandes.

● *Anregungen*
für eine noch bessere, optimale Chefentlastung.

● *Checklisten, Beispiele und Hilfen*
zur Übung und Anwendung für den Umgang mit dem Chef, mit Vorgesetzten, Kunden und Kollegen.

Die **Auswahl der Themen** wurde unter dem Gesichtspunkt »Chefentlastung« getroffen. Es geht um diese Schwerpunkte.

Die Darstellung ist systematisch und konzentriert. Arbeitsblätter, Checklisten, Fallbeispiele, Frage- und Antwortbögen sollen Sie zu eigener Mitarbeit und Weiterarbeit an individuellen Problemlösungen anregen.
An den Schluß einiger Abschnitte sind die entsprechenden Qualifikationsanforderungen der gesetzlichen Verordnung »Geprüfte Sekretärin/Geprüfter Sekretär« gestellt. Sie ermöglichen den Vergleich mit der eigenen Qualifikation.

Der Inhalt kann für Chefs interessant sein, die noch mehr entlastet werden wollen. Geben Sie das Buch Ihrem Chef ruhig einmal in die Hand — zur Information, wie vielseitig und anspruchsvoll Sekretariatsarbeit ist. Auch andere Bü-

romitarbeiter, wie der Bürokaufmann oder der Sachbear-
beiter, werden angesprochen.

Ich danke allen Sekretärinnen, die durch ihre aktive Mitarbeit in Seminaren, Arbeitskreisen, durch Kontakte und
Fragen dazu beigetragen haben, dieses Fachbuch entstehen zu lassen.

Ursula Drechsler

Kapitel 1

Der Sekretärinnenberuf heute

Chefentlastung als Aufgabe und Ziel
Erwartungen des Chefs und Ansatzmöglichkeiten

Drehscheibe Sekretariat: Kontakte

Das aktuelle Anforderungs- und Persönlichkeitsprofil
Checkliste zur Selbsteinschätzung

Stellenbeschreibung zum Arbeitsplatz Sekretariat
Aufbau einer Stellenbeschreibung

Plädoyer für eine gute Zusammenarbeit von Chef und Sekretärin

Übersicht der Qualifikationsmerkmale einer Sekretärin
(nach der gesetzlichen Verordnung »Geprüfte Sekretärin/Geprüfter Sekretär«)

Der Sekretärinnenberuf heute

Während auf der einen Seite moderne Technologien Arbeitszeit im Sekretariat frei werden lassen, werden auf der anderen Seite die Anforderungen zur Chefentlastung an eine qualifizierte Sekretärin erhöht. Eine klare Abgrenzung zwischen Schreibkraft, Sekretärin, Geprüfter Sekretärin und Chefassistentin ist durch die Initiative der Sekretärinnenverbände erreicht worden.

Diskussionen, ob Sekretärinnen durch die Technik ersetzt werden können, gehen immer wieder durch die Presse. Umfragen bei Führungskräften haben ganz klar ergeben: Chefs verzichten ungern auf die Entlastung durch eine Sekretärin. Wer sollte auch die vielen Tätigkeiten ausführen, die von keiner Maschine übernommen werden können? Ganz wichtig ist sicher auch die menschliche Seite: Eine diplomatische, erfahrene Sekretärin ist durch nichts zu ersetzen. Die Tätigkeiten in Sekretariaten können von Arbeitsplatz zu Arbeitsplatz sehr verschieden sein. Für alle gilt jedoch immer noch das Wort von Sauerbruch: *Eine gute Sekretärin ist das beste Mittel gegen Managerkrankheit.*

Einen Spiegel über die Wichtigkeit der Sekretärin und die wirklichen Anforderungen in der Praxis bieten die Stellenanzeigen in den großen Tageszeitungen. Ich empfehle jeder Sekretärin, sich selbst regelmäßig an diesen Aussagen zu orientieren und die eigene Qualifikation zu prüfen und anzupassen. Vergleichsmöglichkeiten nennt Ihnen auch dieses Buch:

● *Das Qualifikationsprofil* — eine Übersicht nach der Verordnung »Geprüfte Sekretärin/Geprüfter Sekretär« vermittelt Ihnen allgemeingültige Anforderungen auf einen Blick.

● *Die Stellenbeschreibung* — sagt alles über Ihre Stellung im Betrieb aus.

● *Die Checkliste zum Persönlichkeitsprofil* — rundet das Bild ab und führt zur Selbsteinschätzung.

Auf jeden Fall ist der erste Schritt zur Chefentlastung für eine Sekretärin das Erkennen der eigenen Fähigkeiten, dann erst folgt die Umsetzung in die Praxis. Und dann:

● Lebenslanges Lernen,
● Literaturstudium,
● Seminarbesuche,
● Fachzeitschriftenabonnements.

Aktuelle Fachinformationen für Sekretärinnen

Assistenz, Zeitschrift für die Frau im Büro
FBO Fachverlag, Postfach 3, 7570 Baden-Baden

Sekretariat, Fachzeitschrift für die Sekretärin und Chefassistentin
Betriebswirtschaftlicher Verlag Gabler, Postfach 1546, 6200 Wiesbaden 1

Sekretärinnen-Service
GWI Institut, Rosental 3, 8000 München 2

texten und schreiben, Zeitschrift für gutes Deutsch und wirksamen Text
Holzmann Verlag, Postfach 1342, 8939 Bad Wörishofen

Chefentlastung als Aufgabe und Ziel
Erwartungen des Chefs und Ansatzmöglichkeiten

MacKenzie fragt Manager in seinem Buch *Die Zeitfalle: Haben Sie eine gute Sekretärin?* Merkmale einer guten Sekretärin sind für ihn z. B., ob ein Chef wochenlang auf Reisen sein kann und trotzdem alles erledigt wird oder ob die Sekretärin den Chef bei der Organisation seiner Zeit unterstützt, ohne ihm dabei auf die Nerven zu gehen.

RKW Seminar

RKW Bayern

Postfach 20 20 08
8000 München 2
Telefon (089) 5 23 01-0
Fax (089) 5 23 01-69

an
Sekretärinnen

Chefentlastung mit System - Drehscheibe Sekretariat

Wenn die Drehscheibe "Sekretariat" auf vollen Touren läuft, hilft nur rationelle Arbeitsorganisation und psychologisch geschicktes Verhalten, um den Chef wirksam unterstützen und abschirmen zu können. Nur dann hat der Chef mehr Zeit für seine Chefaufgaben. In unserer Arbeitstagung erhalten Sie Anregungen für Ihre Praxis und Ihr Zeitmanagement.

Referentin:
Ursula Drechsler

Autorin der Fachbücher "Chefentlastung mit System" und "Korrespondenz im Sekretariat"

27. Januar 1988
9.00 - 12.00 h
13.30 - 16.30 h

Programm:

* Chefentlastung als Aufgabe und Ziel
* Erwartungen des Chefs und Zusammenarbeit
* Sekretariatsarbeit methodisch planen und organisieren
* Chef- und Sekretariatstermine koordinieren
* Regeln für erfolgreiche Konferenzvorbereitung
* Reisevorbereitung ohne Pannen
* Arbeits- und Hilfsmittel für das Sekretariat
* Richtiges Telefonieren
* Verhalten in schwierigen Situationen
* "Vertretung" des Chefs

München
Garmischer Str. 2
Westpark Hotel

20

Gebühr	DM 200	• Betriebsklima
RKW-Mitglied	DM 150	• Besucherbetreuung

Als Arbeitsunterlage wird das Fachbuch "Chefentlastung mit System" ausgegeben

Falls Sie übernachten wollen: Bitte bestellen Sie rechtzeitig Ihr Hotelzimmer selbst!

Bitte überweisen Sie die Gebühr, wenn Sie Teilnehmerkarte + Rechnung erhalten haben. Die Gebühr ist auch bei Nichtteilnahme zu zahlen, wenn die Abmeldung nicht mindestens 5 Arbeitstage vor dem Veranstaltungstermin bei uns eingegangen ist.

Anmeldung

Bitte bis spätestens: *20.1.88 I*   Firma und Anschrift: Kunden-Nr.:

S 7020 / *27.1.88*/ München   (siehe Adressenfeld auf dem Umschlag)

Chefentlastung mit System

Telefon ( )

Teilnehmer:

RKW Bayern
Postfach 20 20 08

8000 München 2

Datum   Unterschrift

Muster eines Seminarprogrammes

21

Programm

Anforderungen an die Sekretärin des Managers heute und morgen
Umgang mit neuen Technologien
Chefentlastung im Mittelpunkt

Informations- und Kommunikationszentrale Sekretariat:
Wirksame und kostensparende Korrespondenz
Rationeller Informationsaustausch
Textverarbeitung richtig einsetzen
Eigenheiten besonderer Texte: Protokolle, Fernschreiben, Arbeitszeugnisse
Persönliche Chefkorrespondenz
Briefstil auf dem Prüfstand – Praktische Übungen
Diktierregeln für eine gute Zusammenarbeit
Normen, Regeln und Empfehlungen für tadellose Gestaltung von Texten

Hohe Schule des Telefonierens

Repräsentative Aufgaben der Sekretärin
Besucherempfang und Gästebetreuung
Umgangsformen im betrieblichen Alltag

Psychologisches Praktikum
Betriebsklima und Drehscheibe Sekretariat
Verhalten in schwierigen Situationen
Beispiele und Erfahrungsaustausch

Aktuelle Informationen und Nachschlagewerke

Repetitorium Arbeitstechniken und Routinearbeiten
Sekretariatsarbeit systematisch planen und organisieren
Hilfsmittel für die Organisation
ABC-Analyse und Prioritäten
Diskussion und Erfahrungsaustausch über:
Terminplanung, Postbearbeitung, Konferenzvorbereitung,
Reiseplanung

Themenschwerpunkte werden mit den Teilnehmerinnen gemeinsam
festgelegt

Muster eines Seminarprogrammes

Teilnehmerkreis	Sekretärinnen und Chefsekretärinnen mit bis zu ca. 5 Jahren Berufserfahrung
Teilnehmerzahl	Begrenzt auf 20 Teilnehmer Die Begrenzung der Teilnehmerzahl ist wichtiger Bestandteil einer sinnvollen Fortbildungskonzeption. Sie gewährleistet eine intensive Aussprache und damit eine praxisnahe und umfassende Information
Seminarziel	Das Sekretariat ist die Drehscheibe, von der aus die Chefentlastung gesteuert werden muß. Manager wollen mehr delegieren, bevorzugen qualifizierte Sekretärinnen, um gezielt eigener Tätigkeit nachgehen zu können. Neue Technologien und Kommunikationsmittel stehen zur Verfügung, die auch neue Anforderungen an die Sekretärin stellen. In diesem Intensivtraining wird Praxiswissen vermittelt. Es werden Anregungen zur Rationalisierung und Verbesserung der Sekretariatsarbeit gegeben; richtig eingesetzt und auf die jeweilige Sekretariatssituation abgewandelt, führen sie zur optimalen Chefentlastung und problemlosen Zusammenarbeit von Manager und Sekretärin. Die Teilnehmer werden motiviert, neue Medien der Bürokommunikation zu akzeptieren und rationell einzusetzen.
Trainingsmethode	Die Arbeit mit Fachbüchern „Chefentlastung mit System" und „Korrespondenz im Sekretariat", Gruppenarbeiten, viele Übungen, Checklisten und Diskussionen sind Grundlage des Seminars. Intensive Mitarbeit der Teilnehmer wird für das umfangreiche Programm vorausgesetzt. In den Pausen können mit der Referentin individuelle Probleme angesprochen und diskutiert werden
Seminarleiter	**Ursula Drechsler** Trainerin für Büroorganisation/Autorin der Fachbücher „Chefentlastung mit System" und „Korrespondenz im Sekretariat"
Zeit	17. – 18. Februar 1988 (ausgebucht) 19. Februar 1988, 10.00 – 17.00 Uhr und 20. Februar 1988, 9.00 – 16.00 Uhr
Ort	Penta Hotel Heidelberg Vangerowstraße 16, 6900 Heidelberg, Telefon 0 62 21/9 08-0 Sonderkonditionen für FORUM-Teilnehmerinnen
Gebühr	DM 680,– (+ 14 % MWSt.) einschließlich Fachbüchern „Chefentlastung mit System", „Korrespondenz im Sekretariat", Erfrischungen und Arbeitsessen
Tagungs-Nr.	2–19
Auskünfte, Anmeldungen und Hotelreservierungen	FORUM · Institut für Management GmbH Postfach 10 50 60 · D-6900 Heidelberg Tel. 0 62 21/4 99 81 (tel. Anmeldung möglich) Telefax 0 62 21/41 16 27, Telex 4 61 496 forum-d

Chefentlastung ist zur wichtigsten Sekretariatsaufgabe geworden. Dabei hat jeder Chef andere Vorstellungen, auf welchem Sektor er entlastet werden möchte. Es müssen gemeinsame Ziele festgelegt werden. Die Sekretärin kann dem Chef auch selbst anbieten, was er delegieren könnte.

Vielleicht schauen Sie — auch mit Ihrem Chef — einmal den folgenden Katalog durch und ergänzen ihn nach seinen Wünschen. Die hier aufgeführten Möglichkeiten sind in Seminaren genannt worden.

Katalog der Möglichkeiten zur Chefentlastung

Bitte kreuzen Sie an, worauf Ihr Chef Wert legt. Vielleicht können Sie mit ihm weitere Punkte vereinbaren?

☐ Chef abschirmen

☐ Telefonate

☐ Informationen einholen

☐ Informationen sammeln

☐ Informationen weitergeben

☐ Informationen auswerten

☐ Termine planen

☐ Zeit einteilen

☐ An Wichtiges erinnern

☐ Unterstützen bei der Mitarbeiterführung

☐ Organisieren

☐ Mitdenken

☐ Platz halten bei Abwesenheit

☐ Problemlösungen vorschlagen

☐ Initiative ergreifen

☐ Vorbereitungen für Chefarbeit

☐ Kunden betreuen

☐ Selbständige Erledigung von Routinearbeiten

☐ Chef betreuen

Weitere Punkte stellen Sie bitte selbst zusammen. Hierzu gehören auch selbstverständliche Tätigkeiten wie Postvorbereitung, Reiseplanung, Konferenzvorbereitung usw.

Für Ihren persönlichen Plan zur Chefentlastung stehen die Grafiken *Kontakte* (S. 25) und *Aufgaben* (S. 42) zur Verfügung.

Drehscheibe Sekretariat: Kontakte

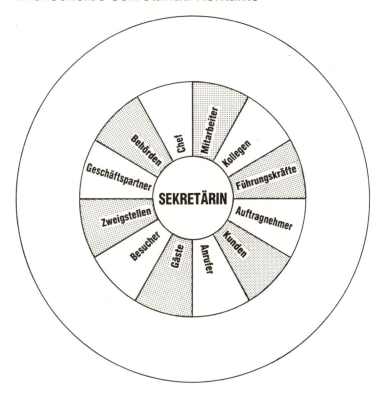

Das aktuelle Anforderungs- und Persönlichkeitsprofil
Checkliste zur Selbsteinschätzung

Von einer Sekretärin wird nicht nur Fachwissen verlangt. Erst die Kombination von Eigenschaften, Fähigkeiten und Kenntnissen bildet das Persönlichkeitsprofil, die *persönliche Qualifikation*.

Hier haben Chefs verschiedene Erwartungen, sie setzen unterschiedliche Prioritäten. Was sie von Sekretärinnen erwarten, habe ich — nach Umfragen bei Führungskräften — in einer Checkliste nach Stichworten zusammengestellt;

sie wurde in Seminaren von Sekretärinnen vervollständigt. So hat sich ein umfangreiches Anforderungsprofil ergeben, dessen Punkte nicht alle von einer einzigen Sekretärin erfüllt werden können. Es ist eher eine Übersicht über verschiedene Möglichkeiten, aus denen auch Chefs wählen können, wenn sie eine für sich geeignete Sekretärin suchen.

Für Sekretärinnen dient die Zusammenstellung zur Selbsteinschätzung. Sie können feststellen, welche Checkpunkte auf sie zutreffen und was noch wünschenswert ist. Eventuell kann man sich auch von einer neutralen Person oder dem Chef einschätzen lassen.

Aufgabe

Bitte kreuzen Sie in der Checkliste *schwarz* an, was auf Sie zutrifft — *rot*, was Sie noch erreichen wollen.

Checkliste zur Selbsteinschätzung

Eigenschaften

Wie soll eine Sekretärin sein?

☐ anpassungsfähig	☐ ausgeglichen
☐ aufgeschlossen	☐ belastbar
☐ aufrichtig	☐ charmant
☐ ausgleichend	☐ diskret
☐ beruhigend	☐ ehrgeizig
☐ diplomatisch	☐ einfallsreich
☐ dynamisch	☐ entscheidungsfreudig
☐ ehrlich	☐ flexibel
☐ einfühlsam	☐ gebildet
☐ fleißig	☐ gerecht
☐ freundlich	☐ gewissenhaft
☐ geduldig	☐ höflich
☐ gewandt	☐ initiativ
☐ hilfsbereit	☐ interessiert
☐ humorvoll	☐ kollegial
☐ intelligent	☐ korrekt
☐ kontaktfreudig	☐ liebenswürdig
☐ ansprechend	☐ loyal
☐ aufmerksam	☐ neutral

- ☐ offen
- ☐ positiv
- ☐ pünktlich
- ☐ ruhig
- ☐ sachlich
- ☐ selbstsicher
- ☐ sensibel
- ☐ sicher
- ☐ tolerant
- ☐ unaufdringlich
- ☐ verantwortungsbewußt
- ☐ verläßlich
- ☐ verständnisvoll
- ☐ vielseitig
- ☐ zuverlässig

- ☐ kreativ
- ☐ ordentlich
- ☐ routiniert
- ☐ qualifiziert
- ☐ selbständig
- ☐ selbstkritisch
- ☐ taktvoll
- ☐ unauffällig
- ☐ umsichtig
- ☐ verbindlich
- ☐ verschwiegen
- ☐ vertrauenswürdig
- ☐ zielstrebig
- ☐ zuvorkommend

Fähigkeiten

Was wird bei einer Sekretärin vorausgesetzt?

- ☐ Anpassungsfähigkeit
- ☐ Guter mündlicher Ausdruck
- ☐ Gutes Gedächtnis
- ☐ Initiative
- ☐ Kombinationsgabe
- ☐ Kontaktfähigkeit
- ☐ Menschenkenntnis
- ☐ Reaktionsvermögen
- ☐ Selbstkritik
- ☐ Durchsetzungsvermögen

- ☐ Guter schriftlicher Ausdruck
- ☐ Gute Umgangsformen
- ☐ Persönlichkeit
- ☐ Kollegialität
- ☐ Kooperationsbereitschaft
- ☐ Kostendenken
- ☐ Organisationstalent
- ☐ Sachkenntnis
- ☐ Technisches Verständnis
- ☐ Toleranz
- ☐ Verantwortungsgefühl

Kenntnisse

Welche Fachkenntnisse muß die Sekretärin mitbringen?

- ☐ Gute Allgemeinbildung
- ☐ EDV-Wissen
- ☐ Kostenwissen
- ☐ Maschinenschreiben
- ☐ Menschenkenntnis
- ☐ Rechtskunde
- ☐ Sozialkunde

- ☐ Büroorganisation
- ☐ Kurzschrift
- ☐ Management-Kenntnisse
- ☐ Psychologie-Kenntnisse
- ☐ Sekretariatspraxis
- ☐ Wirtschaftskunde

Eindruck

Wie soll die Sekretärin wirken?

- ☐ attraktiv
- ☐ gewandt
- ☐ sicher
- ☐ gepflegt
- ☐ natürlich
- ☐ sympathisch

Stellenbeschreibung zum Arbeitsplatz Sekretariat

In größeren Betrieben werden die Aufgaben jeder Stelle in einer Stellenbeschreibung schriftlich festgelegt. Es geht nicht nur um Aufgaben, sondern auch um Kompetenzen, Entscheidungs-, Weisungsbefugnis und um die Zusammenarbeit. Eine Stellenbeschreibung bildet die Grundlage für Gehaltseinstufungen, Stellenausschreibungen, Einstellungen, Beurteilungen und Stellenvertretung.

In der Fachliteratur findet man allgemeine Informationen zu Stellenbeschreibungen. In den Sekretariaten sind die Tätigkeits- und Qualifikationsmerkmale von Fall zu Fall verschieden. Deshalb hat ein Arbeitskreis des BDS (Bund Deutscher Sekretärinnen e.V.) Musterstellenbeschreibungen erarbeitet; sie können beim BDS in Düsseldorf bestellt werden. Hier werden nicht nur Aufgaben zusammengestellt, sondern auch gewichtet.

Eine Stellenbeschreibung nutzt dem Stelleninhaber, dem Vorgesetzten, der Personalabteilung, der Stellenvertretung und ist ein wichtiger Baustein der innerbetrieblichen Organisation. Stichpunkte für eine Stellenbeschreibung können durch einen Rahmen festgelegt und ergänzt werden (siehe Beispielrahmen).

Aufbau einer Stellenbeschreibung

Beispielrahmen für Stellenbeschreibungen

- Stellenbezeichnung
- Name der Stelleninhaberin
- Übergeordnete Stelle (Unterstellung)
- Untergeordnete Stelle (Überstellung)
- Stellenvertretung
- Verknüpfung mit anderen Stellen

- Besondere Befugnisse
- Kompetenzen
- Sonderaufgaben
- Ziel der Stelle
- Aufgaben und Tätigkeiten

Ergänzungen

- Qualifikationsmerkmale der Stelle

Plädoyer für eine gute Zusammenarbeit von Chef und Sekretärin

Sind Sie als Chef und Sekretärin ein gut funktionierendes Team? Wenn diese Frage einmal miteinander diskutiert wird, kann die Zusammenarbeit vielleicht noch besser werden. Während für Mitarbeiter der Abteilungen gemeinsame innerbetriebliche Seminare geplant werden, ist das Team Chef—Sekretärin bei der Weiterbildung isoliert. Das ist ein Thema, das in Sekretärinnen-Seminaren immer wieder angesprochen wird: Warum gibt es keine gemeinsamen Seminare für Chefs und Sekretärinnen?

Ein Versuch beim Chefsekretärinnen-Arbeitskreis München ergab: Von dreißig eingeladenen Chefs kamen zwei. Mögen die Gründe auch im Zeitmangel liegen — wenn die Arbeitstechniken aufeinander abgestimmt sind, kann auch rationeller gearbeitet werden. Anregungen für eine ideale Zusammenarbeit sind:

Chef und Sekretärin

- teilen Arbeit rationell ein
- können Arbeitsumfang abschätzen
- geben Informationen weiter
- haben gegenseitig Verständnis für Probleme
- stehen vor anderen zusammen
- sorgen für gutes Betriebsklima
- sind für Neuerungen aufgeschlossen
- tauschen regelmäßig »Erfahrungen« aus.

Auch nach getrennten Seminarbesuchen gibt es verschiedene Möglichkeiten der Zusammenarbeit. Die Sekretärin berichtet dem Chef über das Seminar und schlägt Verbesserungen vor; der Chef informiert die Sekretärin über Änderungen — auch des Verhaltens —, die er nach dem Seminar plant.

Schwachstellen können von beiden analysiert und gemeinsame Maßnahmen beschlossen werden. Auf jeden

Fall kann — auch nach jahrelanger Zusammenarbeit — das Thema Zusammenarbeit noch Verbesserungen bringen.

Schon heute liegen die künftigen Aufgaben eines Managers fest. Die Anforderungen werden — neben fachlicher Qualifikation — mehr Sensibilität für Trendwenden, Marketing, Internationalisierung, Umweltbewußtsein, technologischen Fortschritt, politisches Engagement, Möglichkeiten und Chancen verlangen. Auch hier kann eine gut geplante Teamarbeit mit der Sekretärin dem Chef Entlastung bringen und den Arbeitsplatz Sekretariat bereichern. Immerhin bringt eine gute technische Ausstattung im Sekretariat Zeitersparnis — die durch qualifizierte Aufgaben ausgeglichen werden kann.

Sekretärinnen berichten in Seminaren, der Chef erledigt Aufgaben, die sie genauso gut für ihn übernehmen könnten. Vielleicht ist ein Gespräch darüber ganz fruchtbar? Jedenfalls sollte es nicht so sein, daß ein Chef mehr Zeit für Termine mit Besuchern und anderen Mitarbeitern hat, als für ein Arbeitsgespräch mit seiner engsten Mitarbeiterin.

Auf die Zusammenarbeit Chef—Sekretärin paßt das Zitat von Bert Brecht aus der Dreigroschenoper: »Es geht auch anders — doch es geht auch so.«

Übersicht der Qualifikationsmerkmale einer Sekretärin
(nach der gesetzlichen Verordnung »Geprüfte Sekretärin/ Geprüfter Sekretär«)

Schreibtechnische Qualifikationen

Kurzschrift
- Fähigkeit, eine Aussage von fünf Minuten Dauer mit Hilfe der Eilschrift der Deutschen Einheitskurzschrift

in der Geschwindigkeit von 150 Silben in der Minute aufnehmen und richtig, vollständig und wortgetreu auf der Schreibmaschine in 40 Minuten übertragen zu können.

Maschinenschnellschreiben

- Fähigkeit, einen Text unter Anwendung des Tastschreibens 10 Minuten lang mit einer Geschwindigkeit von mindestens 280 Anschlägen in der Minute von einer Vorlage möglichst fehlerlos abschreiben zu können.

Briefgestaltung

- Fähigkeit, Texte, insbesondere Briefe, die mit Hilfe der Deutschen Einheitskurzschrift in einer Geschwindigkeit von 120 Silben in der Minute aufgenommen worden sind, unter Beachtung der Regeln für Maschinenschreiben gemäß DIN 5008 und der Regeln für die Deutsche Rechtschreibung und Zeichensetzung auf einem DIN A4-Blatt mit genormtem Aufdruck möglichst fehlerlos auf der Schreibmaschine übertragen und gestalten zu können.

Fachkundliche Qualifikationen

Textformulierung

- Beherrschung der Sprache als Mittel der Kommunikation (Rechtschreibung und Zeichensetzung),
- Fähigkeit, nach Stichworten Geschäftsbriefe sachlich richtig und sprachlich einwandfrei zu formulieren,
- Fähigkeit, Briefe zu besonderen Anlässen selbständig abzufassen.

Protokollführung

- Kenntnis der Protokollarten und der Kriterien ihrer sinngemäßen Anwendung,
- Beherrschung der Anfertigung des Protokollrahmens sowie der stilistischen Besonderheiten des Protokolls,

- Fähigkeit, Wesentliches zu erfassen, gut zu gliedern und richtig zusammenzufassen,
- Fähigkeit, ein Protokoll unterschriftsfest zu erstellen und auszuwerten.

Sekretariatskunde

- Fähigkeit, ein- und ausgehende Post zu bearbeiten,
- Fähigkeit, Termine zu planen und zu überwachen,
- Fähigkeit, Besprechungen, Sitzungen und Tagungen vorzubereiten, zu betreuen und auszuwerten,
- Fähigkeit, alle Sekretariatsarbeiten vor, während und nach Dienstreisen selbständig zu erledigen,
- Fähigkeit, Schriftgut zu verwalten, Karteien zu führen, Informationen zu speichern,
- Fähigkeit, rationell zu telefonieren, Telefon- und Sprechanlagen zu bedienen, Nachrichtenmittel zweckmäßig einzusetzen,
- Fähigkeit, schriftliche Informationen zu be- und verarbeiten,
- Fähigkeit, Sekretariatsarbeiten durch zweckmäßige und funktionsgerechte Büroeinrichtungen, Büroorganisationsmittel und Büromaschinen zu rationalisieren.

Rechts-, wirtschafts- und sozialkundliche Qualifikationen

Rechtskunde

- Kenntnis des Rechtsbegriffs und der wesentlichen Bestimmungen des Grundgesetzes — verfassungsmäßige Organe der Bundesrepublik Deutschland,
- Kenntnis wesentlicher Grundbegriffe des Bürgerlichen und des Handelsgesetzbuches,
- Kenntnis wesentlicher Grundbegriffe des Arbeitsrechts, des Sozialrechts und des Rechts der Sozialversicherung,
- Kenntnis wesentlicher Bestimmungen des Betriebsverfassungsrechts, des Tarifvertragsrechts und der Arbeitsschutzbestimmungen.

Wirtschaftskunde

- Kenntnis der Grundbegriffe und Verfahrensweisen der Ablauforganisation,
- Kenntnis der Grundbegriffe: Unternehmen, Betrieb, Produktionsfaktoren,
- Fähigkeit, die Bedeutung der wichtigsten betriebswirtschaftlichen Funktionen anwendungsbezogen erklären zu können,
- Fähigkeit, an selbstgewählten Beispielen die Bedeutung und Funktion des Betriebes, Marktes und Preises und der Unternehmenszusammenschlüsse zu erläutern,
- Kenntnis der Bedeutung des Geldes, der Währung, des Kredites, der Verfahrensweisen, der Kreditsicherung sowie des Mahnwesens,
- Grundkenntnisse der Geld- und Konjunkturpolitik,
- Grundkenntnisse der Buchhaltungs- und EDV-Organisation,
- Kenntnisse in statistischem Grundwissen,
- Grundkenntnisse im Wertpapier- und Außenhandel.

Sozialkunde

- Kenntnis der gesellschaftlichen und politischen Zusammenhänge der Berufs- und Arbeitswelt,
- Kenntnis und Fähigkeit der Anwendung grundlegender Methoden der Gesprächsführung,
- anwendungsbezogene betriebspsychologische und -soziologische Grundkenntnisse — Umgang mit Menschen,
- Grundkenntnisse betrieblicher Führungsmethoden.

Kapitel 2

Sekretariatsarbeit
Systematisch planen und organisieren

Schwachstellenanalyse zur Arbeitstechnik im Sekretariat
Checkliste für die Sekretariatsorganisation

Arbeitstechnik und Zeitmanagement
Analyse und Checkliste der individuellen Arbeitstechnik

Drehscheibe Sekretariat: Aufgaben

Streß im Sekretariat

Organisationshandakte zur schnellen Information

Drehscheibe Sekretariat: Kontakte und Aufgaben

ABC-Analyse und Prioritäten
Vordruck »Was ist zu tun?«

Chef- und Sekretariatstermine
Planen — koordinieren — überwachen

Checkliste für die Terminplanung

Hilfsmittel für die Terminplanung

Terminsituationen aus der Praxis
Vordruck für die Terminvorbereitung

Matrix zur Terminabstimmung

Zeitmanagement mit Zeitplanbuch

Terminplanung und Chefentlastung
Überblick zur Selbsteinschätzung
(nach der gesetzlichen Verordnung »Geprüfte Sekretärin«)

Sekretariatsarbeit
Systematisch planen und organisieren

Rationelle Arbeit und Arbeitseinteilung ist nötig, um das Sekretariat als Drehscheibe funktionstüchtig zu halten. Wenn das Zusammenspiel klappt, fördert das Erfolgserlebnis die Arbeitsfreude: negativer Streß, Unzufriedenheit und Überlastung werden vermieden. Nur eine ausgeglichene Sekretärin ist eine wirkliche Stütze der Chefentlastung.

Schwachstellen bei der Abwicklung der eigenen Arbeit können verschiedene Ursachen haben. Um sie zu erkennen, ist eine Checkliste nützlich (S. 37 f.). Bei allen sachlichen Erwägungen kommen aber auch persönliche Gründe in Frage, wenn z.B. die eigene psychische oder physische Verfassung nicht in Ordnung ist. Um ehrlich zu sein: Jeder ist gelegentlich in einer solchen Situation. Eine andere Rolle spielt der Arbeitsrhythmus. Wie sieht Ihr Arbeitsrhythmus aus? Ich kenne Sekretärinnen, die gleichmäßig arbeiten, um ihr Pensum zu schaffen. Es gibt aber auch solche, die ihre Arbeit schnell und zuverlässig erledigen und sich dann erst einmal eine (Zigaretten-?)Pause gönnen müssen, bevor es weitergeht. Welche Methode halten Sie für besser?

Ich möchte hier nicht entscheiden. Es zählt auch der äußere Eindruck. Wenn nämlich — wie ich es erlebt habe — die selbstgeschaffene Pause dazu genutzt wird, mit der Kollegin zu plaudern und dann zufällig der Chef vorbeikommt.

Bei allen Überlegungen zum Arbeitsrhythmus kommt es auf die Leistung, das Ergebnis, auf die Absprache mit dem Chef an. Wesentlich ist es, die Arbeit so zu planen, daß sie auf den persönlichen Arbeitsrhythmus abgestimmt wird. Dazu können Sie Ihre persönliche Leistungskurve aufstellen und — je nachdem, ob Sie früher oder später am Tag Ihre beste Leistungszeit haben — entsprechende Arbeiten zeitlich einteilen. Sicher ist das nicht bei Tätigkeiten möglich, die von der Zusammenarbeit mit anderen abhängen.

Auf das Thema *Streß* gehe ich noch besonders ein. Das Wissen um Streßfaktoren und die Einstellung zu Streß überhaupt stehen in engem Zusammenhang mit der Leistungsfähigkeit.

Schwachstellenanalyse zur Arbeitstechnik im Sekretariat
Checkliste für die Sekretariatsorganisation

Es ist ein ewiger Kreislauf: Wer anerkannt werden will, wer Erfolg haben will, muß rationell arbeiten. Chefs, die entlastet werden wollen, müssen helfen, Schwachstellen zu beseitigen, auf die Ihre Sekretärin allein keinen Einfluß nehmen kann. Also gilt es zunächst einmal, diese Schwachstellen herauszufinden, die eine gute Zusammenarbeit, eine perfekte Chefentlastung behindern. Eine Möglichkeit, Schwachstellen festzustellen, ist die Analyse mit einer Checkliste, wie sie hier als Beispiel gebracht wird. Sie kann von Ihnen und Ihrem Chef ergänzt und erweitert werden. Kreuzen Sie Schwachstellen an und ziehen Sie daraus Konsequenzen.

Checkliste für die Sekretariatsorganisation

Woran liegen Schwachstellen? (Bitte ankreuzen!)

☐ Es wird nicht vorher geplant.

☐ Es wird nicht richtig vorbereitet.

☐ Die Zeitplanung stimmt nicht (Leerlauf oder Druck?).

☐ Termine werden nicht richtig festgesetzt (geschätzt, koordiniert, festgehalten, weitergegeben).

☐ Der Überblick fehlt.

☐ Häufige Störungen (es wird kein Störblatt geführt). ▷

- ☐ Zu viele Arbeiten auf einmal (ohne Prioritäten).
- ☐ Nötige Arbeits- und Hilfsmittel fehlen.
- ☐ Es wird nicht mit Vordrucken gearbeitet.
- ☐ Checklisten fehlen.
- ☐ Es gibt keine Organisationshandakte.
- ☐ Der Arbeitsplatz ist nicht richtig organisiert (Ordnung).
- ☐ Die Organisation ist nicht optimal.
- ☐ Unnötige Wege und Wartezeiten kosten zuviel Zeit.
- ☐ Das Arbeitstempo oder der Arbeitsrhythmus stimmen nicht.
- ☐ Die Zusammenarbeit mit dem Chef könnte besser sein.
- ☐ Die Zusammenarbeit mit anderen Stellen funktioniert nicht.
- ☐ Sie erhalten, holen sich zuwenig Informationen.
- ☐ Der Informationsfluß stockt.
- ☐ Die eigene Verfassung ist schlecht (psychisch oder physisch).
- ☐ Negative Einstellung.

Ergänzen Sie — falls erforderlich — diese Liste und diskutieren Sie sie mit Ihrem Chef oder Kollegen.

Wenn Sie Schwachstellen herausgefunden haben, prüfen Sie die Auswirkungen, die sich durch Signale bemerkbar machen, z. B.:

Signale
- Überlastung
- Negativer Streß
- Terminprobleme
- Unzufriedenheit
- Krankheit
- Gereizte Stimmung

Wenn diese Signale **selten** auftreten:
Ihre Arbeitsmethodik und die Zusammenarbeit im Betrieb ist perfekt.

Wenn Ihnen diese Signale **öfter** leuchten:
Sie sollten daran denken, die Schwachstellen zu prüfen und zu beseitigen.

Wenn Ihnen diese Signale **immer** erscheinen:
Sie müssen unbedingt etwas ändern.

Was können Sie tun?

Bedenken Sie: Der Ausspruch *Ich habe keine Zeit* ist zwar der angeblich häufigste Ausspruch des gehetzten Managers — eine Sekretärin muß immer Zeit haben, besonders für den Chef. Schritte zur Problemlösung können sein:

1. Schwachstellen analysieren.
2. Schwachstellen beseitigen, wenn es in Ihrer Macht steht.
3. Aufgaben neu organisieren.
4. Änderungen mit dem Chef diskutieren, wenn es sich nicht allein um Ihren Einflußbereich handelt.

Als Hilfe für die Überprüfung und Änderung des eigenen Arbeitsstils ist das Arbeitsblatt *Analyse und Checkliste der individuellen Arbeitstechnik* gedacht (S. 41).

Sekretärinnen müssen sich fragen:

● Wo bleibt ihre Zeit?
● Welchen Arbeitsrhythmus haben Sie?
● Woran liegt es, wenn Ziele nicht erreicht werden (wer oder was hindert Sie)?
● Stimmen Arbeitstechniken (auch Lesen, Schreiben, Sprechen, Telefonieren)?
● Wodurch entsteht Arbeitsdruck (auch Leerlauf)?
● Wird die Arbeit richtig geplant?

Arbeitstechnik und Zeitmanagement
Analyse und Checkliste der individuellen Arbeitstechnik

Zeitmanagement ist heute für Chefs eine wichtige Führungstechnik. Es wird behauptet, Manager stünden 86mal täglich von ihrem Schreibtisch auf, um etwas zu suchen.

Haben Sie einmal gezählt? Auf welche Zahl sind Sie gekommen? Bei 95% aller Führungskräfte soll der Schreibtisch unaufgeräumt sein. Ist das auch Sekretärinnenaufgabe? Hier gehen die Meinungen aufeinander. Sekretärinnen haben mir gegenüber geäußert, sie dürfen nicht *aufräumen* — dann finde der Chef nichts mehr. Andererseits wird *Entrümpeln* des Chef-Schreibtisches von anderen wieder als Möglichkeit der Chefentlastung angesehen.

In den USA haben Zeitmanagement-Berater Hochkonjunktur. Wenn Anforderungen und Informationsflut wachsen, die Zeit nicht mehr reicht, wird den Chefs als Problemlösung *Delegation* empfohlen. Auch Delegation an die Sekretärin. Eine Untersuchung ergab, daß im Vergleich 65% der Chefaufgaben wichtig und vorrangig zu behandeln sind, aber dies gilt für 90% aller Sekretariatsaufgaben. Die Rollen sind anders. Der Chef kann delegieren und sich störfreie Zeiten schaffen, die Sekretärin muß andere Wege finden, den Chef entlasten und abschirmen. Ein erster Schritt — nach der Schwachstellenanalyse — ist die Analyse des eigenen Arbeitsstils. Dabei gilt es, verschiedene Empfehlungen vernünftig zu verbinden. *So empfehlen Rationalisierungsfachleute:* Kurze Wege, alles griffbereit einrichten und Arbeit nicht unterbrechen.

Arbeitsmediziner raten: Kurze Pausen und körperliche Bewegung.

Bleibt für die Sekretärin das Problem, ein Gleichgewicht für die Empfehlungen zu finden. Manchmal genügt es auch schon, sich die Situation bewußt zu machen, um etwas verbessern zu können.

Das Arbeitsblatt *Analyse und Checkliste der individuellen Arbeitstechnik* besteht aus 25 Punkten, bei denen die verschiedenen Empfehlungen berücksichtigt werden. Die einzelnen Fragen können zur Selbstanalyse genutzt werden, aber auch (ohne Fragezeichen) als Checkliste zur Erinnerung. Berücksichtigt sind sowohl arbeitstechnische, persönliche als auch arbeitsmedizinische Gesichtspunkte.

Arbeitsblatt
Analyse und Checkliste der individuellen Arbeitstechnik
(Mit Fragezeichen zur Selbstanalyse, ohne Fragezeichen als Checkliste)

- ☐ Planen Sie Ihre Arbeit für den nächsten Tag vorher? Für längere Tätigkeiten länger vorher?
- ☐ Verschaffen Sie sich einen Überblick, bevor Sie beginnen?
- ☐ Erledigen Sie Aufgaben nach Wichtigkeit und Eile?
- ☐ Stellen Sie einen Zeitplan auf? Setzen Sie sich Fristen?
- ☐ Verschieben Sie Unangenehmes nicht?
- ☐ Konzentrieren Sie sich auf die Tätigkeit, an der Sie gerade arbeiten?
- ☐ Beenden Sie Angefangenes möglichst gleich?
- ☐ Machen Sie Pausen nach gewissen Zeiten und Tätigkeiten?
- ☐ Denken Sie an Ihre Gesundheit: Essen, frische Luft, Bewegung?
- ☐ Beginnen Sie nur eine Sache auf einmal?
- ☐ Verwenden Sie Hilfsmittel: Organisationshandakte, Checklisten, Vordrucke, ABC-Analyse, Terminplaner?
- ☐ Arbeiten Sie mit System: Ablage, Wiedervorlage, Erinnerungen?
- ☐ Bereiten Sie Wesentliches vor: Telefonate, Besprechungen, Fernschreiben?
- ☐ Handeln Sie selbständig?
- ☐ Achten Sie auf günstige Zeiten: Telefonate, Leistungskurve?
- ☐ Haben Sie Mut »Nein« zu sagen und Verantwortung zurückzudelegieren?
- ☐ Machen Sie Verbesserungsvorschläge?
- ☐ Nehmen Sie selbst Verbesserungsvorschläge an?
- ☐ Halten Sie Ordnung, damit auch andere alles finden?
- ☐ Verlieren Sie bei schwierigen Aufgaben nicht die Lust?
- ☐ Bilden Sie sich weiter, um Neues kennenzulernen?
- ☐ Halten Sie Nachschlagewerke griffbereit?
- ☐ Richten Sie Ihren Arbeitsplatz rationell ein?
- ☐ Räumen Sie täglich Ihren Schreibtisch auf?

▷

Drehscheibe Sekretariat: Aufgaben

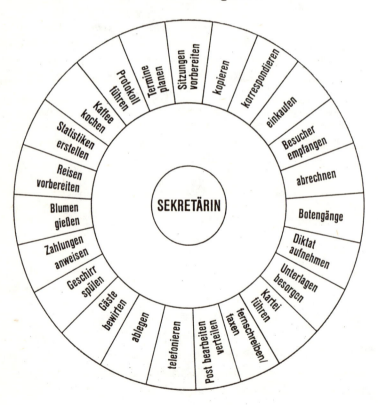

Wenn die Drehscheibe Sekretariat auf vollen Touren läuft, gilt es, ruhig zu bleiben und den Streß im Griff zu haben. Dabei sind hier nur die von Sekretärinnen am häufigsten genannten Aufgaben aufgeführt. Es gibt noch viele andere — je nach Stellenbeschreibung.

Streß im Sekretariat

Die Sekretärin wird durch ihre Funktion in der Mitte der *Drehscheibe Sekretariat* oft unter Streß gesetzt. Dabei darf es immer einen *gestreßten Chef*, aber besser keine gestreßte Sekretärin geben. Deshalb kann im Zusammenhang mit der Chefentlastung das Problem *Streß* in diesem Buch nicht übergangen werden. Es ist — wie andere hier angeschnittene Themen — wichtig, sich länger und ausführlicher damit zu beschäftigen. Ich möchte den Streßbegriff im allgemeinen einmal kurz ansprechen, damit Sie Ihre persönliche Einstellung in Streßsituationen besser steuern können.

Bei Freud gab es den Begriff *Streß* noch nicht, obwohl auch in früheren Zeiten Überlastung keine Seltenheit war. Erst 1936 erfand Selye das Wort *Streß* als Bezeichnung für eine Reaktion des Organismus. Ist Streß jetzt schlecht oder gut für die Arbeit, für Sie?

Im allgemeinen wird Streß als negativer Faktor gesehen. Dabei haben die wenigsten, die das Wort Streß als Entschuldigung anführen, das Buch des Streß-Erfinders H. Selye gelesen. Wie in Bayern der Föhn, muß Streß für alle möglichen Unzulänglichkeiten herhalten. Streß wird immer als Ursache von Problemen negativ gesehen. Der Schöpfer des Streß-Begriffes meint mit Streß aber verschiedene Dinge. Als physikalischer und psychischer Vorgang ist Streß unbedingt lebensnotwendig. Die absolute Abwesenheit von Streß bedeutet Tod. Das häufigste Mißverständnis ist für Selye, Streß negativ zu sehen. Er zieht den Vergleich *Temperatur* heran: Temperatur kann Wärme oder Kälte bedeuten, Streß kann negativ oder positiv sein. Es gibt zwei Formen:

Di-Streß = gesundheitsschädliche Form (negativ)

Eu-Streß = gesundheitsfördernde Form (positiv).

Wichtig ist für alle die Aussage des Management-Trainers R. W. Stroebe: *Ob Streß schadet, hängt davon ab, wie man auf Streß reagiert.*

Was können Sie gegen Streß tun?

Es gibt seelische, körperliche und umweltverändernde Hilfen gegen Streß *(Antistressoren)*. Das kann die Verbesserung des beruflichen Klimas durch eigene Initiative, Körpertraining oder die Änderung der Lebenseinstellung sein. Auf jeden Fall muß aktiv etwas unternommen werden. In einem Vortrag hörte ich die interessante Feststellung, Streß käme nie von der Arbeit allein, sondern immer aus dem Zusammenhang mit dem Umfeld.

Versuchen Sie, Streß zu bewältigen, indem Sie sich weiter und tiefergehend mit diesem wichtigen Thema beschäftigen. Das Buch *Streß* des Streßerfinders H. Selye ist eine große Hilfe, um Streß zu verstehen. Wie Streß entsteht, welche Arten Streß es gibt, wie Sie Ihre eigenen Streß-Symptome testen und was Sie dagegen tun können, beschreibt Vera F. Birkenbihl sehr anschaulich in ihrem Buch *Freude durch Streß**. Sie schreibt: *Ich bin der festen Überzeugung, daß jeder einzelne es in der Hand hat, ob er sich durch Unwissenheit, Faulheit oder Unfähigkeit vorzeitig vom Streß vergewaltigen lassen will oder ob er ihn zähmen und für sich nutzbar machen kann.*

---

* Moderne Verlagsgesellschaft, Landsberg am Lech, 3. Auflage 1983

Organisationshandakte zur schnellen Information

Erkenntnisse, die Organisationsabteilungen großer Firmen oder Ministerien gewonnen haben, lassen sich auch im Bereich des kleineren Sekretariats praktisch verwerten. Während Organisatoren Unterlagen für ein Organisationshandbuch erstellen, sollte die Sekretärin für ihre Zwecke eine Organisationshandakte anlegen und griffbereit haben. Mit einer Organisationshandakte haben Sie — zusätzlich zu den Nachschlagewerken — Material zur schnellen Information. Tatsächlich bieten DIN A4-Blätter mit Spezialanweisungen schnellere Informationsmöglichkeiten als das Nachschlagen in einem dicken Buch. Weitere Vorteile sind auch, daß Ihr Chef sich bei Ihrer Abwesenheit schnell zurechtfindet oder Ihre Stellvertretung keine Probleme bei der Chefentlastung hat.

Beispiele für Informationen, die eine Organisationshandakte enthalten kann:

- Aktenplan (Ablageordnung)
- Vordruckmuster
- Checklisten
- Hausanweisungen
- Arbeitsplatzbeschreibung
- Musterbriefe
- Gebrauchsanweisungen
- Persönliche Anweisungen des Chefs
- DIN 5008 Regeln für Maschinenschreiben
- Fernschreibabkürzungen
- Merkblätter

Noch ein Tip: Werden die gewünschten Informationen in Klarsichthüllen abgelegt, bleiben sie auch bei häufigem Gebrauch unbeschädigt. Das Auswechseln gegen aktuelle Informationen sollte nicht übersehen werden. Von Fall zu Fall ist es angebracht, die Informationen mit dem Datum zu versehen.

Drehscheibe Sekretariat: Kontakte und Aufgaben

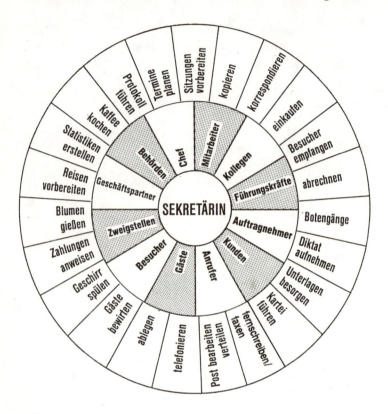

Besonders im Sekretariat fällt die Erledigung der Aufgaben mit Personenkontakten zusammen. Überschneidungen sind nicht zu vermeiden. Gerade deshalb ist es wichtig, Aufgaben nach Prioritäten zu planen, damit unvorhergesehene Störungen die systematische Arbeit nicht durcheinanderbringen. Nützlich ist eine *ABC-Analyse.*

ABC-Analyse und Prioritäten

In der Führungskräfteschulung wird zur Rationalisierung und für eine bessere Arbeitseinteilung die *ABC-Analyse* empfohlen:

Alle Tätigkeiten auf einem Vordruck notieren und dann nach A-, B-, C-Wertigkeit ordnen.

A-Tätigkeit = wichtig, eilig → vordringlich erledigen

B-Tätigkeit = wichtig → normal behandeln, sollte erledigt werden

C-Tätigkeit = weniger wichtig, → eventuell erledigen nicht eilig

Auch Sekretariatsarbeit kann nach diesem Schema eingeteilt und rationell abgewickelt werden. Prioritäten müssen festgesetzt werden. Wenn Sekretärinnen alle Aufgaben, die täglich zu erledigen sind, aufschreiben, ergeben sich überwiegend A- und B-Tätigkeiten. Testen Sie einmal Ihre tägliche Arbeit — Sie werden sicher zu einem ähnlichen Ergebnis kommen.

Ein grundlegender Unterschied ergibt sich bei der ABC-Analyse für Sekretärinnen gegenüber Chefanalysen: Nur in seltenen Fällen kann die Sekretärin ihre Arbeit unabhängig planen und organisieren. Meist ist sie von den Chefaufgaben abhängig und muß alles stehen und liegen lassen, wenn der Chef eilige Aufgaben hat, wenn das Telefon klingelt, wenn Besucher kommen. Die vielen Möglichkeiten der Überschneidung von Aufgaben und Kontakten werden auf der *Drehscheibe Sekretariat: Aufgaben und Kontakte* (siehe S. 46) sichtbar.

Trotzdem ist systematisches Vorgehen zur Chefentlastung zu empfehlen. Ein Vordruck *Was ist zu tun?* — möglichst schon für den nächsten Tag vorbereitet — hat besondere Vorteile gegenüber einem Terminkalender. (Der Termin-

kalender sollte wirklichen Terminen und termingebunde-
nen Aufgaben vorbehalten bleiben.)

Vorteile des Vordrucks: Was ist zu tun?

- Es wird nichts vergessen, weil vorher geplant wird, weil schriftlich geplant wird.
- Auch der Chef oder die Vertretung finden sich zurecht, wenn die Sekretärin plötzlich krank ist.
- Man erzieht sich selbst zu systematischer Arbeit.
- Nicht Erledigtes kann für den Vordruck des nächsten Tages übernommen werden.
- Der ausgefüllte Vordruck zeigt, wenn einmal zu viele Aufgaben zusammenkommen. Rechtzeitige Konsequenzen sind möglich.
- Das Arbeiten für mehrere Chefs ist besser zu koordinieren.
- Das Streichen erledigter Aufgaben ist ein Erfolgserlebnis.
- Der Vordruck kann auch für eine längere Zeit (z.B. für den Urlaub) der Information der Vertretung dienen.

Sekretärinnen, die mit diesem Vordruck arbeiten, haben bestätigt, daß sie ihre Sekretariatsarbeit besser im Griff haben. Einige haben auch ihren Chef überzeugt. Wenn beide nach diesem System arbeiten, ist die Zusammenarbeit optimal. Eine innerbetriebliche Schulung, bei der in zwei Gruppen — einmal die Chefs, dann die Sekretärinnen — Arbeitsmethodik übten und u.a. auch die ABC-Analyse, führte zu sehr guten Ergebnissen. Die Schulung beider Gruppen weckte Verständnis für die Ausgangssituationen und kooperatives Verhalten. Ich arbeite selbst täglich mit dem Vordruck *Was ist zu tun?* Er ist beim RKW* entworfen worden und hat in den einzelnen Zeilen noch die Uhrzeiten von 7—19 Uhr. So ist die Möglichkeit

---

* Rationalisierungs-Kuratorium der Deutschen Wirtschaft e.V.

gegeben, mit einem farbigen Markierstift auch noch die für jede Tätigkeit vorgesehene Zeit zu markieren. Ich sehe nur für Tätigkeiten Zeiten vor, bei denen ich mir über die Zeit ganz sicher bin.

Sonst ist die Zeiteinteilung eher verwirrend, wenn nicht genau vorher disponiert werden kann.

Beispiel für einen ausgefüllten Vordruck

Zusammengestellt in einer Gruppenarbeit bei einem Sekretärinnen-Seminar nach ABC-Analyse. Hier sind allgemeine Tätigkeiten genannt, die individuell ausführlicher sein sollten.

Zuerst wird die Tätigkeit notiert, dann die ABC-Wertung ergänzt (Muster für die Vordruckgestaltung siehe S. 50).

Was ist zu tun?

B	kopieren
A	Besucher empfangen
A	Gäste bewirten
A	Sitzung vorbereiten
A	Post bearbeiten
A	Unterlagen beschaffen
B	Kaffee kochen
A	Briefe schreiben
A	fernschreiben
A	telefonieren
A/B	Reise vorbereiten
C	ablegen
C	Statistik führen
A/B	abrechnen
A	Diktat aufnehmen
B	Blumen gießen
B	Karteien führen
A/B	Kollegen vertreten
A	protokollieren
A	Termine planen, einhalten, kontrollieren

Tagesplan nach Prioritäten	Datum	A	B	C
Was ist zu tun?				

Chef- und Sekretariatstermine
Planen — koordinieren — überwachen

Appointments ruin your life (Termine ruinieren Dein Leben) war der Ausspruch eines Managers, dem ich vor kurzem begegnete. In Wirklichkeit hat ihm eine gute Sekretärin gefehlt.

Arbeitsplanung und Terminplanung sind im Sekretariat engverbundene Begriffe. Erst die richtige Kombination führt zu einer wirklichkeitsnahen Terminplanung. In Sekretärinnen-Seminaren werden meist drei Möglichkeiten der Terminplanung genannt:

1. Der Chef plant seine Termine allein.

2. Nur die Sekretärin plant die Termine für den Chef.

3. Chef und Sekretärin planen beide.

Am häufigsten ist das Beispiel 3; dort gibt es auch die meisten Abstimmungsprobleme: Die Chefentlastung hängt also überwiegend von der regelmäßigen Überwachung und Kontrolle durch die Sekretärin ab. Sie wird direkt (oder indirekt) für Pannen verantwortlich gemacht.

Sitzungen enden oft mit Beschlüssen, die nicht in die Tat umgesetzt werden, weil kein Termin fixiert wurde. Aufträge werden häufig ohne Termin weitergegeben. Hier liegt das große Feld der Verantwortlichkeit der Sekretärin: Die Fragen *wann* oder *bis wann* gehören in jedes Protokoll, zu jedem Auftrag. Eine Sekretärin, die immer die Frage nach dem Termin stellt, erzieht automatisch ihren Chef zum Termindenken. Sie wirkt selbst gut organisiert. Sollte es einmal Pannen geben, hilft vielleicht ein gelegentlicher Blick auf die *Checkliste für die Terminplanung* (siehe S. 52).

Eine gute Terminplanung ist die Grundlage für

- die Arbeitszufriedenheit
- die reibungslose Abwicklung aller Aufgaben

- die Einsparung von Zeit und Kosten
- die Steigerung der persönlichen Arbeitsleistung
- Die Chefentlastung.

Checkliste für die Terminplanung

1. **Alle Termine sofort eintragen.**
   Auf Sonn- und Feiertage und ungünstige Zeiten achten. Termine so schnell wie möglich mit dem Chef besprechen, vergleichen und abstimmen. Aufpassen und mitdenken!

2. Arbeiten Sie selbst nach Terminplan. Schriftliche Termine werden nicht so schnell umgestoßen. Sie lassen sich weniger ablenken.

3. Terminerinnerungen an den Chef möglichst mündlich und schriftlich. Doppelt hält besser! Aber schon einen Tag vorher.

4. Tragen Sie Stichworte chronologisch in den Terminkalender ein; Tätigkeiten getrennt nach ABC-Analyse auf einem Vordruck *Was ist zu tun?* vorbereiten.

5. Wenn Sie Cheftermine verabreden: Dem Chef immer einen Grund für den Termin angeben. Hier hilft auch ein Terminzettel, der Termin, Uhrzeit, Ort, Zweck und die Stichworte *Wer muß informiert* werden und *Wer ist informiert* enthält.

6. Terminnotiz beim Posteingang zu Terminsachen legen.

7. Vergessen Sie nicht, Zeitreserven für *Unvorhergesehenes* einzuplanen.

8. Termine müssen überwacht und kontrolliert werden: (Selbst-) Vertrauen ist gut, Kontrolle ist besser.

9. Unterscheiden Sie bei der Eintragung bestätigte und unbestätigte Termine (z. B. solche, die der Chef noch nicht akzeptiert hat, mit Bleistift schreiben oder mit Fragezeichen versehen). Bestätigte Termine abhaken, verschobene Termine nicht ausradieren, sondern streichen; auf neuen Termin hinweisen.

10. Wählen Sie für jeden Fall die günstigste Art der Terminanfrage: mündlich, schriftlich, telefonisch oder per Fax.

11. Überlegen Sie genau, welche Termine Sie schriftlich bestätigen wollen (z. B. Hotels, Zahlungstermine, Reisetermine).

12. Vergessen Sie nicht, auch andere Personen — außer dem Chef — über Termine zu informieren, wenn dies für Sie wichtig ist.

13. Planen Sie bei Abgabeterminen für andere immer genug Zeit zur Erinnerung ein. Die *Vergeßlichkeit* ist groß!

14. Voraushinweise sind nötig für Termine mit Vorbereitungsarbeiten (z. B. für Steuererklärungen).

15. Unterlagen immer rechtzeitig bereitlegen. Rechtzeitig — individuell verschieden, aber immer so früh, daß eventuell Probleme noch gelöst werden können.

16. Wenn viele Termine für den Chef zu notieren sind: Hier hilft eine Tages-Checkliste mit drei Spalten
    a) Telefontermin,
    b) Termin im Haus,
    c) Termin außer Haus.

17. Alle erledigten Termine aus der Planung streichen.

18. Halten Sie den Zeitplan möglichst ein.

19. Wenn Sie Terminprobleme haben: Statistik über die Gründe führen — vielleicht können Sie etwas ändern.

Für Planung und Überwachung von Terminen haben sich verschiedene kleinere Karteisysteme bewährt, wie zum Beispiel dieses:

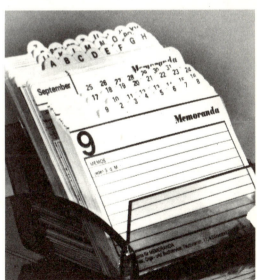

Memoranda,
Orga- und
Buchservice,
Düsseldorf

Es sorgt dafür, daß:

- Sie keine Fristen versäumen,
- Sie keine Termine z.B. für die Abgabe von Gutachten übersehen,
- Vorgänge, die sich häufig wiederholen, nicht mehrfach, sondern nur einmal notiert werden müssen,
- Ihre Ideen gespeichert werden und leicht abrufbar sind,
- Sie selbst den nächsten Gesundheits-Check-up, den TÜV, die Verlängerung Ihres Impfzeugnisses nicht vergessen,
- Material rechtzeitig nachbestellt wird,
- Sie ein Abonnement termingerecht kündigen,
- und, und, und …

Hilfsmittel für die Terminplanung

Welche Hilfsmittel gibt es für die Terminplanung?

- Terminkalender — für den Schreibtisch, für die Brieftasche
- Terminübersichten — Tagespläne, Wochenpläne, Monatspläne, Jahrespläne
- Terminkarteien — 365 Tageskarten
- Terminmappen mit den Fächern 1—12 für die 12 Monate
- Terminmappen mit 31 Fächern für jeden Tag des Monats
- Terminzettel — zur persönlichen Erinnerung und zur Weitergabe
- Terminsignale — zur visuellen Erinnerung, z.B. in der Hänge- und Pendelregistratur
- Plantafeln — größere und kleinere Tafeln für Gesamtübersichten
- Vordrucke
- Zeitplanbücher und -systeme
- PC-Programme

Was
ist
heute zu
erledigen?

Tagesplan

	6⁰⁰	10⁰⁰
	30	30
	7⁰⁰	11⁰⁰
	30	30
	8⁰⁰	12⁰⁰
	30	30
	9⁰⁰	13⁰⁰
	30	30

Hier alle Arbeiten eintragen,
die heute zu erledigen sind.

Hier die zu erledigenden Arbeiten auf geeignete Termine
verteilen.

Vordruck von memoform

Terminsituationen aus der Praxis

Welche Termine müssen Sie schriftlich festhalten?	Alle. Zum Beispiel: Telefontermine, Besuchstermine, Besprechungstermine, Mitarbeitertermine, Planungstermine, Reisetermine, Wiedervorlagetermine, Bearbeitungstermine, Urlaubstermine, Liefertermine, Einladungstermine, Vortragstermine, Zahlungstermine, Korrespondenztermine, Messetermine, Persönliche Termine.
Wo tragen Sie persönliche, wiederkehrende Termine der Mitarbeiter des Chefs ein?	Geburtstage, Jubiläen usw. in einem Sonderkalender oder in einer Sonderkartei.
Was tun Sie, wenn die im Handel angebotenen Übersichten für Ihre besonderen Zwecke nicht geeignet sind?	Da hilft nur ein *eigener* Entwurf.
Wie merken Sie regelmäßig wiederkehrende Termine vor?	Sie legen eine Terminkarte mit sämtlichen Daten an. Für vierteljährliche Steuertermine wird die Karte nach dem ersten Quartal in die Monatsmappe des nächsten fälligen Termins gelegt.
Wohin gehören Unterlagen, die terminiert sind?	Entweder in die Terminmappe (dann Hinweis in der Ablage) oder in die Ablage, Zwischenablage (dann Hinweis in Terminmappe oder farbiger Durchschlag).
Was tun Sie, wenn leitende Angestellte immer wieder an Ihnen vorbeirauschen und ohne Anmeldung zum Chef gehen, obwohl er Sie angewiesen hat, nur angemeldete Mitarbeiter vorzulassen?	a) Sie bitten die Mitarbeiter höflich, sich erst anzumelden, da der Chef darum gebeten hat. b) Sie bitten die Mitarbeiter höflich, zu warten, bis Sie sie angemeldet haben. c) Sie verfassen einen Umlauf, den der Chef unterschreibt. d) Sie bitten den Chef, unangemeldete Besucher selbst abzulehnen, wenn er auf seiner Anweisung besteht, da Sie sonst unglaubhaft wirken.

Was halten Sie von einem Chef, der bei einer Besprechung außerhalb des Betriebes einem vorgeschlagenen Termin nicht zustimmt, weil er seinen Terminkalender im Büro hat?	a) Er hat den Kalender vergessen. b) Er gebraucht eine Ausrede, um Zeit zu gewinnen. c) Er hat nur ein Terminbuch auf dem Schreibtisch und keinen Taschenkalender. d) Seine Sekretärin versteht nichts von Terminplanung.
Wie verhalten Sie sich, wenn ein wichtiger Kunde anruft und sich beschwert, daß Ihr Chef nicht zum verabredeten Termin gekommen sei?	a) Sie drücken Ihr Bedauern aus und bieten Problemlösung an. b) Sie vergleichen den Terminkalender. c) Wenn er Recht hat, nennen Sie einen möglichen Grund — keine Ausreden! d) Sie bieten an, die Sache zu klären und ihn sofort zu benachrichtigen. e) Sie versuchen, Ihren Chef zu erreichen. f) Sie rufen den Kunden wieder an, entschuldigen sich für einen Fehler, klären nicht die Schuldfrage. g) Sie versuchen, einen neuen Termin zu vereinbaren.
Der Chef plant wiederholt Termine, von denen er Ihnen nichts sagt.	a) Sie fragen ihn häufiger als bisher, ob er etwas geplant hat. b) Sie weisen diplomatisch auf die Folgen hin.
Unangemeldete Besucher verlangen, beim Chef angemeldet zu werden.	a) Sie fragen nach dem Grund des Besuches. b) Wenn der Besuch im Interesse des Chefs liegt, stören Sie ihn auch bei einer Besprechung. c) Sie lassen den Besucher erst zum Chef, wenn er ihn empfangen will. d) Sie bitten den Besucher wiederzukommen und nennen einen Termin. e) Sie fragen den Chef, wie er demnächst vor solchen Besuchern abgeschirmt werden will.
Sie schreiben Protokoll und ein wichtiger Beschluß wird nicht terminiert.	Sie fragen diskret, welchen Termin Sie ins Protokoll schreiben sollen.

Bitte ergänzen Sie diese Beispiele als Vorbereitung zur
Problemlösung mit dem Chef.

Termin-Vorbereitung

☐ Brief   ☐ Telefonat   ☐ Gespräch   ☐ Verhandlung

am: um:

Firma

Herr/Frau/Frl.

Abteilung

Telefon   (Vorwahl   )   Hausapparat

Thema   Beschaffung von Unterlagen, Teilnehmerverständigung

Ergebnis/Veranlassung:

Matrix zur Terminabstimmung

Sehr zeitaufwendig und unrationell ist oft die Terminabstimmung für Konferenzen oder andere Anlässe, wenn mehr als drei Personen im Spiel sind. Hilfsmittel und moderne Technik — wie z.B. Terminplanung mit dem PC oder Videokonferenzen — werden zur rationelleren Terminplanung genützt.

Eine Matrix zur Terminabstimmung schließt die Lücke, wenn unnötiges Hin- und Hertelefonieren vermieden werden soll. Auch bei Sitzungen kann ohne großen Aufwand eine Termin-Matrix herumgehen, damit festgestellt werden kann, welche Termine für alle Teilnehmer günstig sind. Und so sieht eine Matrix aus:

- Auf einem DIN A4-Blatt quer werden in der linken Spalte die Namen der Teilnehmer aufgeführt.

- Die möglichen Termine werden jeweils über Spalten geschrieben, die quer auf dem Blatt angeordnet sind.

- Jeder Teilnehmer kreuzt in seiner Namensspalte unter dem Termin an, welcher Termin o.k. ist.

- *Der* Termin wird beschlossen, an dem alle oder die meisten Teilnehmer Zeit haben.

(Muster siehe Seite 60)

Matrix zur Terminabstimmung

Namen	Terminvorschläge			

Auswertung ⎯⎯⎯⎯⎯⎯⎯⎯⎯⎯⎯⎯⎯⎯⎯⎯⎯ Termin ⎯⎯⎯⎯⎯⎯⎯⎯⎯

Matrix zur Terminabstimmung

Namen	Terminvorschläge			
	11. 02.	25.02.	02.03.	04. 03.
Adam		X	X	X
Diller	X		X	X
Donnert	X	X	X	X
Drechsler		X	X	X
Eckart		X	X	
Kröner	X		X	
Niemcewicz			X	
Rödl		X	X	
Rövenstrunck			X	X

Auswertung _____Drechsler_____ Termin _2. März_

© Ursula Drechsler

61

Zeitmanagement mit Zeitplanbuch

Wer seine Zeit systematisch in den Griff bekommen möchte, kann ein Zeitplanbuch führen. Hier werden, wie in einfachen Terminkalendern auch, selbstverständlich alle Termine eingetragen. Im Zeitplanbuch sind sie übersichtlich, nach verschiedenen Kriterien zu ordnen (Tages-, Wochen-, Jahresplan). Darüber hinaus gibt es Organisationshilfen, Formblätter von großem Nutzen, z.B. für Aktivitäten und Informationen, Projektplanung und Aufgabensteuerung mit Tageszielen und der Rubrik »Privates«. Register für Adressen und Telefonnummern sowie Blankoformulare für eigene Ideen füllen den Umfang des Buches.

Verschiedene Hersteller bieten ihr System an, sie funktionieren individuell am besten, wenn jeder Anwender erst einmal prüft, wofür das Zeitsystem genommen werden soll oder welches Format für den eigenen Einsatz praktischer ist (Damen denken hier an die Handtasche oder lie-

Dezember								Januar 1988							
Wo.	M	D	M	D	F	S	S	Wo.	M	D	M	D	F	S	S
49		1	2	3	4	5	6	53					1	2	3
50	7	8	9	●	11	12	13	01	4	5	6	7	8	9	10
51	14	15	16	17	18	19	20	02	11	12	13	14	15	16	17
52	21	22	23	24	25	26	27	03	18	19	20	21	22	23	24
53	28	29	30	31				04	25	26	27	28	29	30	31

Tagesplan **Donnerstag**

10

Woche 50 Tag 344 **Dezember 1987**

Zeit	🕐	Termine	OK
08	{	Seminar-betreuung	
09			
10			
11			
12	{	Mittagessen Canton frau Vogt	
13		↓ RKV Büro	
14	{	Frau Sieger Themenplanung	
15			
16			
17			
18			

✉	☎	Kontakt	OK
X		Hotel Allgäusкм	✓
X		RKV Bern	✓
X		Europ. Patentamt	✓
X		Büro Nürnberg	✓
X		Annelore Selig	✓
X		IBM - Recht	
X		aer-Flug buchen	✓

Prio-rität	Zeit-bed.	Aufgaben
		Steuertermin (D)
A		Einladung Esa-Kas
B		Korrektur lesen
A		Werbung Zugstellen
C		Reise osteQuen
B		protokoll Tel.-Seminar
C		Entwurf Namens-schilder
A		post
B		EDV-Adressen-Kanti.
B		PC vordruck
A		Seminarunterlagen
A		Fröbel schreiben
A		Konf.-raum best.

Statistik

Privat Zahnarzt? Geburt.für Jive

Tagesziel Schreibtisch leer!

ber den Aktenkoffer?). Es gibt Sekretärinnen, die von der systematischen Zeit- und Organisationsplanung ganz begeistert sind, vor allem, wenn der Chef und andere in der Abteilung dasselbe diszipliniert einsetzen und nutzen. Vielleicht ist das Versprechen »mehr Zeit durch Zeitmanagement« (1 Stunde pro Tag bei 8 Minuten täglichem Planungsaufwand) schwer zu beweisen. Sicher ist aber, daß es beruhigend ist, das Gefühl zu haben: Meine Zeit habe ich systematisch im Griff.

Bei einem Vergleich der Zeitschrift »Management-Wissen« wurde das Zeitplanbuch von Time/System, Hamburg, als am besten durchdacht, in jeder Hinsicht professionell, beurteilt.

Terminplanung und Chefentlastung
Überblick zur Selbsteinschätzung
(nach der gesetzlichen Verordnung »Geprüfte Sekretärin«)

Die Sekretärin

- plant und überwacht Termine
- beherrscht den eigenen Verantwortungs- und Entscheidungsbereich
- beachtet kalender- und ortsabhängige Fakten
- weiß sich bei Terminschwierigkeiten und -überschneidungen zu helfen
- kann den Chef und andere abschirmen
- schätzt Besprechungen zeitlich ein
- stimmt Termine ab
- erkennt Zusammenhänge
- beachtet Terminvor- und Nachbereitungszeiten
- kennt Methoden der rationellen Zeit- und Arbeitsplanung
- weiß, wodurch Zeitprobleme entstehen
- arbeitet mit Analysen

- setzt Prioritäten
- stellt Tages-, mittel- und langfristige Pläne auf
- übernimmt Terminüberwachung unerledigter Vorgänge
- bezieht Aktennotizen, Posteingang, Protokolle in Kontrollaufgaben ein
- kann Projekte planen und in Einzeltätigkeiten aufteilen
- beherrscht Planungstechniken (z.B. Tätigkeitslisten, Netzplantechnik) zur Ablaufüberwachung.

Kapitel 3

Postbearbeitung
Rationell — schnell — zuverlässig

Chronologische Checkliste
für eine Sekretariatsanweisung zur Postbearbeitung

Vordruck Diktat-Post-Vorbereitung

Denken beim Postversand
Wie Sekretärinnen Porto sparen können

Spezialwissen und Erfahrungen weitergeben

Technische Hilfsmittel für die Postbearbeitung

Vordruck Eilt sehr

Vordruck Post-Bearbeitung

Postbearbeitung und Chefentlastung
Überblick zur Selbsteinschätzung
(nach der gesetzlichen Verordnung »Geprüfte Sekretärin«)

Postbearbeitung
Rationell — schnell — zuverlässig

Rationelle Postbearbeitung setzt besondere Entscheidungsfreudigkeit und schnelle, zuverlässige Abwicklung
voraus. Sie ist eine wichtige Stütze der Chefentlastung.
Was darf nicht passieren?

● Die Post darf nicht zu spät verteilt werden.

● Es darf möglichst keine Irrläufer geben.

● Es darf nicht unklar sein, wer wofür zuständig ist.

● Aus der Post darf nichts verloren gehen.

Genaue Organisation ist nötig. Kosten für mangelhafte
Postorganisation sind nicht offensichtlich, aber schwer-
wiegend. Sie können exakt nur in einer besonderen Analyse festgestellt werden. Je nach Firmengröße und -struk-
tur werden die Aufgaben der Postbearbeitung verschieden geregelt. Eine Betriebsanweisung oder ein Arbeitsab-
laufplan hilft dabei. Es müssen prinzipielle Fragen geklärt
werden:

➔ Wird die Eingangspost geholt oder gebracht?

➔ Wer holt sie?

➔ Wer sortiert sie?

➔ Wer öffnet sie?

➔ Wer prüft sie?

➔ Wer leitet sie weiter?

➔ Wer bearbeitet sie?

➔ Wer ist für die Ausgangspost zuständig?

➔ Wann muß sie abgeliefert werden?

➔ Wer verteilt die Hauspost?

➔ Wann wird sie weitergeleitet?

Vergleichen Sie bitte mit der Checkliste, ob alle Möglichkeiten in Ihrer Firma vorgesehen und eindeutig geregelt

sind. Haben Sie von Ihrem Chef die nötigen Informationen?

Chronologische Checkliste
für eine Sekretariatsanweisung zur Postbearbeitung

Stichwort	Hinweise/Lösungsmöglichkeiten
Post öffnen	● Sekretärin öffnet (maschinell/per Hand). ● Zentrale Poststelle öffnet. Festlegen, was geöffnet werden soll (z. B. Geschäftsbriefe, Privatbriefe, Telegramme, Werbebriefe, Nachnahmen, Einschreiben).
Eingangsstempel anbringen oder/ und Begleit-, Umlaufzettel	● Eingangsstempel oben neben oder unter Absenderfirma anbringen. ● Begleit- oder Umlaufzettel für Dokumente, Verträge, Zeichnungen, Informationen für mehrere Abteilungen. Der Eingangsstempel kann außer dem Datum noch enthalten: Uhrzeit, Bearbeitungsvermerk, Abteilung.
Briefumschläge	Nicht wegwerfen, wenn ● Absender im Brief fehlt oder undeutlich (kann auch übertragen oder ausgeschnitten werden), ● Briefdatum vom Postdatum stark abweicht (Bestellungen, Behördenpost, falsch adressierte Post).
Post verteilen	Nach Postverteilungsplan. ● So früh wie möglich an die Abteilungen leiten. ● Dem Chef zur Durchsicht vorlegen.
Post vorsortieren	Nach Stufen inhaltlich ordnen: a) wichtige und eilige Post, b) normale Post, c) Post, die Sie selbst erledigen, d) Zeitschriften und Abonnements, e) unverlangte Sendungen: Prospekte, Werbung. Für die Bearbeitung können verschiedene farbige Mappen angelegt werden.

Stichwort	Hinweise/Lösungsmöglichkeiten
Anlagen	Immer: Vermerke prüfen, abhaken, eventuell Zahl nachtragen, Fehlendes notieren, vermerken was herausgenommen wird (z. B. Schecks für die Buchhaltung).
Post für den Chef vorbereiten	Wichtiges im Text markieren (nur, wenn ausdrücklich gewünscht!): ● Termine Terminkalender vergleichen und Vermerk anbringen: *frei, besetzt* etc. ● Laufender Vorgang Vorgang oder Wiedervorlage dazulegen. ● Rechnungen eventuell nachprüfen, abzeichnen, mit Zahlungsanweisung zur Unterschrift versehen.
Diktatantworten	Bei der Postvorlage Diktatzeit mit dem Chef vereinbaren.
Post (selbständig) beantworten	● nach Diktat ● nach Stichworten ● nach Vermerken des Chefs ● ganz selbständig (Kopie an den Chef?)
Post unterschreiben	● Wenn der Chef selbst unterschreibt: Namen des Chefs mit Maschinenschrift einsetzen, da Unterschriften oft unleserlich und aus dem Diktatzeichen nicht zu erraten sind. ● Wenn die Sekretärin im Auftrag handelt: a) nach Diktat außer Haus/verreist, b) im Auftrag. ● Wenn die Sekretärin selbständig schreibt: Vor- und Zuname, Zusatz *Sekretariat*.
Postbearbeitung in Abwesenheit des Chefs	● vorher Vertretung regeln ● Postvollmacht erteilen ● Zwischenbescheid geben ● selbst erledigen (Chef informieren) ● sammeln und liegen lassen ● nachsenden ● Liste weitergegebener Post führen

Diktat-Post-Vorbereitung

Formular/Papierart		Anzahl Durchschläge	☐ Eilboten
			☐ Einschreiben
			☐ Luftpost
			☐

Betreff

Inhalt/Stichworte

_____

_____

_____

_____

_____

_____

_____

_____

_____

Spezial-Ausdrücke/Eigennamen

_____

_____

_____

_____

_____

Anlagen

Verteiler

	Datum	Zeichen
Diktiert		
Geschrieben		

© memoform Mühlstraße 25 · 8918 Dießen · Tel. (0 88 07) 50 22 · Bestell-Nr. 961012

71

Denken beim Postversand
Wie Sekretärinnen Porto sparen können

Sekretärinnen können ihrem Arbeitgeber durch Mitdenken im Laufe eines Jahres erhebliche Portokosten sparen. Es genügt nicht, der zentralen Poststelle das Frankieren zu überlassen: Die Post muß entsprechend gekennzeichnet sein. Überlegungen zum Portosparen sollten schon im Sekretariat angestellt werden. Wir erinnern Sie an einige Möglichkeiten, damit Sie vergleichen können, ob Ihre Portokenntnisse auf dem neuesten Stand sind:

1. Für kurze Nachrichten genügt auch eine Postkarte, wenn der Inhalt nicht vertraulich ist. Oft wird ein kurzer Text nur deshalb kuvertiert, weil diese Mitteilungsform für repräsentativer gehalten wird.

2. Fotokopien können als Drucksachen verschickt werden, ein Begleitbrief ist eigentlich nicht nötig. Meist wird er mitgeschickt, weil man fürchtet, das Kuvert könne vom Inhalt getrennt werden und die Kopie deshalb verloren gehen.

3. Viele Kurzbriefe können auch als Briefdrucksache verschickt werden. Hier sind außer Angaben zum Absender, Ort und Datum bis zu 10 Wörter zusätzlich zum Vorgedruckten erlaubt.

4. Versandformate wirken sich erheblich auf das Porto aus. So kostet ein 20-g-Brief im C6-Kuvert normales Porto.
   Derselbe Inhalt im größeren Kuvert (z.B. C5) kostet die Gebühr der nächsten Gewichtsstufe.

5. Umfangreichere Briefsendungen bis 1000 g können portogünstiger als Päckchen verschickt werden. Hier ist zu bedenken, daß Päckchen länger unterwegs sein können als Briefe.

Wenn Sie Ihre Post portogünstig verschicken wollen, lohnt sich ein Blick in das Portogebührenheft. Zu empfehlen ist jeder Sekretärin die Anschaffung des neuesten Postbuches. Auf über 400 Seiten wird über alle Dienste der Post ausführlich informiert — auch über die neuesten Telefon- oder Faxgebühren.

Spezialwissen und Erfahrungen weitergeben

Erst die Erfahrung einer Sekretärin in der Personalabteilung und die ernsthaften Konsequenzen führten zur Aufklärung:

Eine Sekretärin hatte ein wichtiges Schreiben an einen Mitarbeiter per Einschreiben aufgegeben. Der Mitarbeiter war nicht zu Hause, das Einschreiben wurde nicht zugestellt und auch nicht von der Post abgeholt. Ein wichtiger Termin war verstrichen. Es ist nicht immer bekannt, daß nur ein Einschreiben mit »Rückschein« in solchen Fällen nutzt. Der Sender bekommt die Bestätigung, daß sein Schreiben abgeliefert wurde.

Eine eilige Sendung innerhalb der Stadt kam nicht am nächsten Tag — wie erwartet — an. Eine Rückfrage ergab, daß als Adresse die Straße und nicht das Postfach angegeben wurde. Wenn das Postfach nur einmal abgeholt wird, kann es zur Verzögerung kommen.

In einer Firma beschuldigten sich die Poststelle und die Abteilungen gegenseitig, Porto zu verschwenden. Wer war schuld? Wenn die Abteilungen die Post nicht entsprechend kennzeichnen, kann die Poststelle nicht richtig frankieren.

Das sind nur drei Beispiele für Möglichkeiten, die eine perfekte Sekretärin im Griff haben muß. Auch hier will und kann der Chef unterstützt werden.

Technische Hilfsmittel für die Postbearbeitung

Hilfsmittel aller Art erleichtern die Postbearbeitung und helfen Zeit und Kosten sparen. Entwickeln Sie persönliches Interesse für Angebote. Der Besuch einer Bürofachausstellung bringt immer neue Erfahrungen. Schreiben Sie auch einmal selbständig an Hersteller, die in Anzeigen *Neues* anbieten. Ihr Chef wird es Ihnen danken, wenn Sie einen guten Verbesserungsvorschlag anbieten.

Kennen Sie alle technischen Möglichkeiten?

1. Adressiermaschinen
2. Aktenpaternoster
3. Brieföffnermaschinen
4. Eingangsstempel
5. Falzmaschinen
6. Förderanlagen
7. Frankiermaschinen
8. Kuvertiermaschinen
9. Postsortierkörbe
10. Postverteilanlagen
11. Rohrpost
12. Waagen
13. Zusammentragmaschinen

10 11 12 1 2	Datum
9 Uhrzeit 3	
8 7 6 5 4	

Eilt sehr

Von _____

An _____

Termin

Mit der Bitte um: ☐ Erledigung   ☐ Kenntnisnahme

☐ Stellungnahme bis/am _____

☐ Weiterleitung an _____

_____

_____

_____

_____

_____

_____

_____

_____

_____

_____

_____

_____

_____

_____

_____

Zweckform Eilt sehr · Nr. 1017

Vordruck von Zweckform

Post-Bearbeitung

Schreiben vom:

Absender:

Betrifft:

Zur Bearbeitung an:

1.

2.

Rücksprache mit:

Weiterbearbeitung von:

Bei Rücksprache vorlegen/mitsenden:

Erledigt am:

1.

2.

Erledigt von:

1.

2.

Ablage am:

Termin bis:

1.

2.

ORIGINAL ZUM AKT – KOPIE ZUR TERMINÜBERWACHUNG

König-Best. Nr. 818-6009 „Post-Bearbeitung"   Copyright und Bezugsquelle:
König-Verlag, 8000 München 13, Schellingstraße 44, Telefon (0811) 28 70 93

Postbearbeitung und Chefentlastung

Überblick zur Selbsteinschätzung

(nach der gesetzlichen Verordnung »Geprüfte Sekretärin«)

Die Sekretärin

- kann ein- und ausgehende Post bearbeiten
- arbeitet nach Bearbeitungsregeln
- kennt Postversandformen
- weiß, wie Hilfsmittel eingesetzt werden
- richtet sich nach betriebsspezifischen Vorschriften
- sortiert, kontrolliert und legt Post vor — nach internen Gesichtspunkten
- bereitet erforderliche Unterlagen vor
- achtet auf Termine und Fristen
- behandelt vertrauliche Post gesondert
- hat Portokosten im Griff

Kapitel 4

Konferenzen, Sitzungen, Tagungen vorbereiten
Anforderungen an die Organisation

Netzplan für Pressekonferenzen

Netzplan für die Durchführung einer Pressekonferenz in
7 Schritten und 46 Aktivitäten

Firmeninterne Planung

Auszug aus einer Siemens-Checkliste

Rahmen für einen Entwurf Konferenz-Checkliste

Punkte für Ihre Konferenz-Checkliste

Muster für einen Ablaufplan Kongreßorganisation

Muster für Hotel-Konferenzbestellungen

Konferenzplanung mit Pannenhilfen

Checkliste für die Planung von Konferenzen und Tagungen

Namensschilder für Konferenzen

Konferenzen managen mit dem PC

Der Programmaufbau des Meeting-Managers

Wie festliche Veranstaltungen erfolgreich werden

Konferenzvorbereitung und Chefentlastung
Überblick zur Selbsteinschätzung
(nach der gesetzlichen Verordnung »Geprüfte Sekretärin«)

Konferenzen, Sitzungen, Tagungen vorbereiten
Anforderungen an die Organisation

Der Erfolg jeder Konferenz hängt von einer gründlichen, durchdachten Vorbereitung ab. Dabei ist die Sekretärin, als rechte Hand des Chefs, eine wichtige Stütze der Organisation. Wie gut oder wie schlecht eine Konferenz vorbereitet ist, zeigt sich meist erst, wenn es zu spät ist, etwas zu ändern. Dann kann nur noch improvisiert werden.

Eine Checkliste und ein Ablaufplan sind hier — wie auch bei der Reisevorbereitung — sehr nützlich. Eine Checkliste für alle Gelegenheiten kann es nicht geben. Je nach Größe der Konferenz müssen Checklisten speziell erdacht werden. Sie bestehen aus vier Phasen:

① Planungsphase
② Organisationsphase
③ Durchführungsphase
④ Auswertungsphase

Gut für die Übersicht ist ein Netzplan, der in zeitliche Abschnitte geteilt ist, in denen etwas zu veranlassen ist, z.B.:

- 3 Monate vorher und früher
- 2—3 Monate vorher
- 6 Wochen vorher
- 2 Wochen vorher

- 2 Tage vorher
- Durchführung
- Sofort nach Schluß
- 2 Wochen danach

Für Pressekonferenzen gibt es einen besonderen Netzplan (s. Abb.). Es gibt aber auch die Methode, eine Checkliste der verschiedenen Phasen mit Stichworten herzustellen und die entsprechenden Termine und Bemerkungen in eine extra dafür vorgesehene Spalte zu schreiben.

Netzplan für die Durchführung einer Pressekonferenz (PK)

Diesem Plan liegt ein Zeitschema von vier Wochen zugrunde. Außerhalb dieses Zeitschemas, also 2 bis 3 Monate vor der PK, sollte bereits eine Termin-Vorabinformation an die Presse gehen.

1. Woche	2. Woche	3. Woche
Vorplanung	Vorbereitungsphase	Organisationsphase

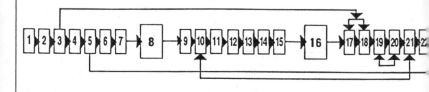

1 – 7 Vorplanung

1 Endgültige Terminabstimmung, intern und extern, gegebenenfalls mit Redaktionen, um Überschneidungen zu vermeiden (Tag und Stunde)

2 Themenfestlegung (im Grundsatz)

3 Vorbereitung von Presse- und Bilanzunterlagen

4 Vorbereitung von Dias, Wandtafeln, Großfotos

5 Raum-Reservierung (intern – extern), dabei achten auf Bewirtungsmöglichkeit, Sitzordnung, Beleuchtung, Belüftung, Beschallung, Garderoben, Toiletten, Parkplätze

6 Entwurf der Einladungsschreiben

7 Werbegeschenk bestellen (wenn vorgesehen)

8 – 15 Vorbereitungsphase

9 Versand von:

10 Einladungen

11 evtl. Unterlagen, z. B. Geschäftsbericht mit Sperrvermerk

12 Programm für die PK (mit Hinweis auf Dauer der Veranstaltung)

13 Anreiseskizze, wenn erforderlich

14 vorfrankierte Rückantwortkarte mit Bekanntgabe zusätzlicher Wünsche, wie Hotelzimmer, Fahrzeug etc.

15 Anfertigung einer Einladungsliste

16 – 24 Organisationsphase

17 Aktualisierung der Presseunterlagen

18 Zusammenstellung der Pressemappe (mit Kurz- und Langfassungen der Reden, Fotos und dergleichen)

19 Anfertigung eines Fragen- und Antwortenkataloges

20 Abstimmung mit Vorstand / Geschäftsleitung

21 Anlegen einer Liste der Zusagen und Absagen

22 Bei Absagen telefonische Rückfrage, ob Presseunterlagen zugesandt werden sollen

23 Anfertigung von Tisch-Namensschildern für Veranstalter

24 Bestellung der vorgesehenen Bewirtung (Kaffee, Tee, Kaltgetränke, Tabakwaren, Mittag- oder Abendessen) je nach Teilnehmerzahl

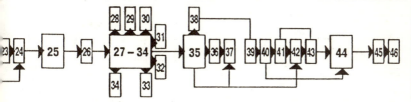

4. Woche Veranstaltungswoche **Tag der Pressekonferenz** **Am Tag danach** **Ergebnis Auswertung**

25 – 26 Veranstaltungswoche

25 Überprüfungsphase nach einer Checkliste

26 Endgültige Teilnehmerliste erstellen

27 – 34 Anlaufphase

28 Reservierung von Parkplätzen

29 Auslegen der Presse- mappen, Schreibblock, Bleistift, Kuli, Werbegeschenk (evt. auch erst nach der PK überreichen)

30 Aufbau von Vorführgeräten, der elektroakustischen Anlage, falls erforderlich, Großfotos, Wandtafeln

31 Aufstellen der Namens- schilder für Leitung der PK

32 Aschenbecher, Blumenschmuck

33 Telefon in greifbarer Nähe

34 Einsatzfahrzeug bestellen

35 – 43 Durchführung der PK

36 Registrierung der Teilnehmer

37 Bewirtung (ohne große Störung)

38 Pünktlichkeit des Gastgebers

39 Begrüßung

40 Referat(e)

41 Diskussion (wer leitet sie?)

42 Bewirtung nach Schluß der PK

43 Gelegenheit zu Einzel- gesprächen mit Vorstand / Geschäftsleitung

44 – 46 Am Tage danach
44 Presseecho, Auswertung

45 Zusammenstellung einer Dokumentation

46 Manöverkritik des Veranstalters mit den Firmenbeteiligten, Schlußfolgerungen

Auszug aus „Vom Umgang mit der Presse", Dr. Hans Schaller, IHK Dortmund

Netzplan für die Durchführung einer Pressekonferenz in 7 Schritten und 46 Aktivitäten

1. Schritt	2. Schritt
1—7 Vorplanung	**8—15 Vorbereitungsphase**
1 Endgültige Terminabstimmung, intern und extern, gegebenenfalls mit Redaktionen, um Überschneidungen zu vermeiden (Tag und Stunde)	9 Versand von:
	10 Einladungen
	11 evtl. Unterlagen, z. B. Geschäftsbericht mit Sperrvermerk
2 Themenfestlegung (im Grundsatz)	12 Programm für die PK (mit Hinweis auf Dauer der Veranstaltung)
3 Vorbereitung von Presse- und Bilanzunterlagen	13 Anreiseskizze, wenn erforderlich
4 Vorbereitung von Dias, Wandtafeln, Großfotos	14 vorfrankierte Rückantwortkarte mit Bekanntgabe zusätzlicher Wünsche, wie Hotelzimmer, Fahrzeug etc.
5 Raum-Reservierung (intern — extern), dabei achten auf Bewirtungsmöglichkeit, Sitzordnung, Beleuchtung, Belüftung, Beschallung, Garderoben, Toiletten, Parkplätze	15 Anfertigung einer Einladungsliste
6 Entwurf der Einladungsschreiben	
7 Werbegeschenk bestellen (wenn vorgesehen)	

3. Schritt	4. Schritt
16—24 Organisationsphase	**25—26 Veranstaltungswoche**
17 Aktualisierung der Presse-unterlagen	25 Überprüfungsphase nach einer Checkliste
18 Zusammenstellung der Pressemappe (mit Kurz- und Langfassungen der Reden, Fotos und derglei-chen)	26 Endgültige Teilnehmerliste erstellen
19 Anfertigung eines Fragen- und Antwortenkataloges	
20 Abstimmung mit Vor-stand / Geschäftsleitung	
21 Anlegen einer Liste der Zusagen und Absagen	
22 Bei Absagen telefonische Rückfrage, ob Presseun-terlagen zugesandt wer-den sollen	
23 Anfertigung von Tisch-Namensschildern für Ver-anstalter	
24 Bestellung der vorgesehe-nen Bewirtung (Kaffee, Tee, Kaltgetränke, Tabak-waren, Mittag- oder Abendessen) je nach Teil-nehmerzahl	

▷

5. Schritt	6. Schritt
27—34 Anlaufphase	**35—43 Durchführung der PK**
28 Reservierung von Parkplätzen	36 Registrierung der Teilnehmer
29 Auslegen der Pressemappen, Schreibblock, Bleistift, Kuli, Werbegeschenk (evtl. auch erst nach der PK überreichen)	37 Bewirtung (ohne große Störung)
	38 Pünktlichkeit des Gastgebers
	39 Begrüßung
30 Aufbau von Vorführgeräten, der elektroakustischen Anlage, falls erforderlich, Großfotos, Wandtafeln	40 Referat(e)
	41 Diskussion (wer leitet sie?)
31 Aufstellen der Namensschilder für Leitung der PK	42 Bewirtung nach Schluß der PK
32 Aschenbecher, Blumenschmuck	43 Gelegenheit zu Einzelgesprächen mit Vorstand / Geschäftsleitung
33 Telefon in greifbarer Nähe	
34 Einsatzfahrzeug bestellen	

7. Schritt
44—46 Am Tage danach
44 Presseecho, Auswertung
45 Zusammenstellung einer Dokumentation
46 Manöverkritik des Veranstalters mit den Firmenbeteiligten, Schlußfolgerungen

Die Firma Siemens hat in der Reihe *Aus Pädagogik und Unterrichtstechnik* eine Checkliste für Tagungen, Besprechungen und Schulungsmaßnahmen veröffentlicht, die als Muster oder zur Ergänzung für eigene Entwürfe dienen kann (Seite 90 f.).

Anlässe für Zusammenkünfte können sein:

Gespräche	Ausschüsse
Besprechungen	Tagungen
Verhandlungen	Kongresse
Sitzungen	Eröffnungen
Versammlungen	Neugründungen
Betriebsbesichtigungen	Betriebsversammlungen
Pressekonferenzen	Mitarbeiterehrungen
Weihnachtsfeiern	Betriebliche Schulungen
Betriebsausflüge	Messen
Vorführungen	

Konferenzen haben verschiedene Ziele:

- zu informieren
- Probleme zu lösen
- Kontakte zu pflegen, zu koordinieren

Grundsätzlich müssen für alle Konferenzen die Fragen gestellt werden:

- Warum wird konferiert?
- Wann findet die Konferenz statt?
- Welche Themen werden behandelt?
- Wie lange dauert die Konferenz?
- Wo wird sie sein?
- Wer wird eingeladen?
- Welche Hilfen werden gebraucht?
- Was ist vorzubereiten?

Es reichen aber auch die Fragen der Presseformel: *Wer? Was? Wann? Wo? Wie? Warum?*

Wenn Sie selbst eine Checkliste entwerfen, genügt ein Rahmen mit Stichworten, die für jede Art von Konferenz detailliert und ausführlich abgewandelt werden können.

Jede Sekretärin sollte zur Anregung für eigene Entwürfe Checklisten anderer sammeln (z.B. Hotel-Checklisten, S. 98—101).

Projekt: RKW - BAYERN - KONGRESS '87
am 09.07.87 in München (EPA)
PL: Frau Drechsler

Was	Wer	Wann
Konzept entwerfen	st	→10.2
Konzept im LV verabschieden	St	4.3.
Räume bestellen	dr	→17.3
Mittagessen bestellen	dr	→17.3
Minister Jaumann wegen Referat anschreiben	st	→18.3
Staatsempfang beantragen	St	→18.3
Programm entwerfen	st	→16.3.
Programm durch LVR verabschieden	st	→17.3.
Referenten verpflichten	st	→16.4.
Kosten u. TN-Gebühr kalkulieren	st	→16.4.
Programm-Layout-erstellen	st	→24.4.
Verteiler + Auflage festlegen	dr	→24.4.
Programm zum Lichtsatz geben	do	24.4.
Lichtsatz liefern	do	→28.4.
Umschläge bestellen	kr	24.4.
Umschläge liefern	Kr	→4.5.
Programm zum Druck geben	do	→28.4.
Programm drucken + liefern	do	→6.5.
Kongreß im "Kontakt" ankündigen	do	April
(Text)		Mai
(Beilage)		Juni
Programm versenden (1. Werbung)	dr	→8.5.
(2. Werbung)	dr	→29.5.
Namens-Anhänger bestellen	dr	→1.6.
" liefern	dr	→30.6.
" beschriften	dr	→8.7

Projekt: RKW-BAYERN-KONGRESS '87
am 09.07.87 in München (EPA)
PL: Frau Drechsler

Was	Wer	Wann
Referenten-Manuskripte + Steckbriefe redigieren	st	→30.6.
" drucken	dr	→ 3.7.
Gerätebedarf festlegen	do	→30.6.
Geräte bestellen	do	→ 3.7.
" bereitstellen	do	8.7.
Konferenz + Pausegetränke bestellen	dr	6.7.
TN-Unterlagen zusammenstellen		→ 8.7.
" bereitstellen	dr	8.7.
Schriften für Bücherstand auswählen	ad	→3.7.
" bereitstellen	ad	8.7.
Vor-Ort-Organisation	dr	9.7.

Auszug aus der Siemens-Checkliste für Besprechunge

	Maßnahme erforderlich?	Maßnahme kann frühestens erfolgen am	Maßnahme muß spätesten erledigt sein a
Veranstaltung			
Bearbeiter	**Abteilung**		

Vorbereitung

Inhalt des Programms

	Maßnahme erforderlich?	Maßnahme kann frühestens erfolgen am	Maßnahme muß spätesten erledigt sein a
(1) Themen und Inhalte festlegen.			
(2) Reihenfolge (Tagesordnung) festlegen			
(3) Zeitplan (incl. Pausen und Pufferzeiten) festlegen.			

Ort der Veranstaltung

(4) Geschätzte Zahl der Anwesenden (Teilnehmer, Referenten, Beobachter, Gäste, Presse usw.)			
(5) Veranstaltung wird im Hause/ extern durchgeführt.			
(6) Im Hause: Raum/Räume reservieren.			
(7) Extern: Welche Hotels stehen zur Verfügung? Dazu erforderliche Informationen: Größe und Anzahl der verfügbaren Räume, wieviele verfügbare Betten (Einzel/Doppel), Preis, Nebenleistungen, Anreise- und Parkplatzmöglichkeiten, welche technischen Hilfsmittel können bereitgestellt werden, bis wann muß Reservierung vorliegen?			

Auszug aus „Checkliste für Besprechungen, Tagungen

Telefon	Ort, Datum
ledigungsvermerk	Bemerkung

d Schulungsmaßnahmen'', Tom Werneck, Siemens AG

Rahmen für einen Entwurf Konferenz-Checkliste

- Programm
- Teilnehmer
- Einladung
- Ort
- Raum
- Technik

- Hilfsmittel
- Betreuung
- Arbeitsplatz
- Bewirtung
- Material
- Sonstiges

Punkte für Ihre Konferenz-Checkliste zum Beachten und Ergänzen

Einladungen

- müssen rechtzeitig verschickt werden. Wie lange vorher, hängt von der Zielgruppe, dem Anlaß und der Dauer der Konferenz ab. Die kürzeste Frist ist 14 Tage vorher für betriebsinterne Konferenzen, einige Monate vorher aber für Auslandseinladungen und große Tagungen;
- informieren über: Zweck, Inhalt, Termin, Ort, Zeit, Dauer, Teilnehmer;
- enthalten einen Anmeldevordruck.

Teilnehmer

- erhalten eine Anmeldebestätigung;
- erhalten Tagungsunterlagen;
- bekommen Informationen über Hotels, Reservierungen, Preise, An- und Abreise, Parkplätze.

Konferenztische

- nicht vergessen: Namensschilder, Aschenbecher, Erfrischungsgetränke;
- auslegen: Schreibpapier, Kugelschreiber, Programme, Konferenzmappe.

Presse

- 14 Tage vorher einladen, kurz vorher anrufen und erinnern;
- Presseplätze reservieren;
- Presseunterlagen herstellen.

Beschilderung

- Der Weg zum Konferenzraum muß leicht zu finden sein. Weitere Schilder für die Garderobe, das Telefon, die Waschräume.

Bewirtung

- vorsehen für die Konferenz, die Vormittagspause, die Mittagspause, die Nachmittagspause und für den Abend.

Protokoll

- Protokollführung festlegen: Kurzprotokoll, Ergebnisprotokoll, Beschlußprotokoll, Stichwortprotokoll, Wertprotokoll.
- Das Protokoll enthält: Tagesordnung, Themen, Teilnehmer, Vorsitzender, Protokollführer, Tagungsort, Tag, Zeit.

Nebenprogramm

- kann sein: Theater, Konzert, Sport, Besichtigungen, Gesellschaftsprogramm, Programm für Begleitpersonen.

Technik und Hilfsmittel

- rechtzeitig bestellen und vorher prüfen: Mikrofon, Lautsprecher, Filmprojektor, Diaprojektor, Software, Videorecorder, Epidiaskop, Tonbandgerät, Anschlüsse, Verlängerungskabel, Stecker, Tafel, Flipchart, Ersatzteile.

Kontrolle

- Alle Vorbereitungen noch einmal kontrollieren. Vorausdenken: Was könnte schieflaufen und Abhilfe mit einplanen.

Die Liste kann ergänzt werden mit Angaben zum Hotel, zu Referenten, zur An- und Abreise, zum Tagungsbüro, zur technischen Einrichtung, zum Hilfspersonal, zur Auswertung.

Muster für einen Ablaufplan Kongreßorganisation

Auszug aus einem organisatorischen Ablaufplan zum Programm Industriemeistertag (S. 95 ff.)

Bitte ergänzen Sie die organisatorischen Punkte nach Ihren eigenen Erfahrungen und Vorstellungen.

8.00	Treffen aller Mitarbeiter der Organisation im Tagungsgebäude an der Anmeldung. Besichtigung der Räumlichkeiten. Besprechung der vorher verteilten Aufgaben:		
	● Betreuung der Technik und Kontrolle	Herr R.	
	● Aufbau des Informationsstandes	Frau R.	Frau O.
	● Aufbau und Kontrolle des Podiums und des Rednerpults	Frau D.	Frau K.
	● Pressestand und Reservierung	Herr D.	
	● Saalkontrolle und Empfang der Ehrengäste	Frau K.	Frau D.
		Herr W.	Herr F.
	● Empfang und Betreuung der Referenten	Herr M.	
	● Anmeldung und Tagungsbüro	Frau A.	Frau Sch.
		Frau H.	Frau Schi.
10.35	Kontrolle für die Kaffeepause	Frau D.	
10.45	Mitarbeiter zur Verfügung für Fragen der Tagungsteilnehmer je nach verteilten Aufgaben	alle	
11.15	Pausenende. Erinnern.	Frau D.	

Wenn Sie diese Punkte ergänzen, berücksichtigen Sie auch bitte, was veranlaßt werden muß, um Pannen zu vermeiden bzw. um entstandene Pannen schnell beheben zu können.

Industriemeistertag 19..

am 24. Oktober 19..
in Nürnberg
Messezentrum Nürnberg
Tagungsgebäude
9.30—18.00 Uhr

am 25. Oktober Betriebsbesichtigungen

Veranstalter:
Rationalisierungs-Kuratorium der Deutschen
Wirtschaft e. V., RKW-Landesgruppe Bayern

Industrie- und Handelskammer für Mittelfranken,
Nürnberg
in Zusammenarbeit mit der
Industriemeistervereinigung

Der 5. Industriemeistertag steht unter dem Hauptthema:
Der Wandel der Meisteraufgaben
Durch die Veränderung der Organisation und durch den
Einsatz neuer Techniken, insbesondere der Mikroelektronik, wandeln sich die Tätigkeiten der Facharbeiter
und damit in zunehmendem Maße auch die Aufgaben
der Meister. Es ist heute schon abzusehen, daß auch
die mittleren und kleinen Betriebe davon betroffen
werden.

Wir haben diesmal wieder Referenten aus der Praxis
gewonnen, die aus der unmittelbaren Erfahrung in ihren
Betrieben berichten. Da es sich um zukunftsweisende
Entwicklungen handelt, haben wir zur Diskussion wie-
der einen Betriebsleiter, einen Personalchef und einen
Vertreter des DGB gebeten.

Wir erwarten von der Diskussion, an der erstmalig auch
die Teilnehmer mitwirken sollen, daß sie Denkanstöße
für die Gestaltung der Entwicklung im Fertigungsbereich
in den 80er Jahren gibt.

Dr. Alfred Degelmann

Programm

9.30   **Eröffnung und Begrüßung**

Dr.-Ing. Hans L. Hofmann
Vorsitzender des Vorstands des RKW Bayern,
Nürnberg

Grußworte

Konsul Senator Walter Braun
Präsident der Industrie- und Handelskammer für
Mittelfranken, Nürnberg

Dr. Andreas Urschlechter
Oberbürgermeister der Stadt Nürnberg

10.00   **Referat**

„Zukunftsprobleme der Sozialpolitik"
Dr. Fritz Pirkl
Staatsminister für Arbeit und Sozialordnung

10.45   Kaffeepause

11.15   **Referat**

**„Sicherheitsverantwortung und Schadenshaftung
im Betrieb"**

Prof. Dr.-Ing. Ferdinand Schweiger
Leitender Gewerbedirektor,
Landesinstitut für Arbeitsschutz, München

12.00   Mittagspause

14.00   **Podiumsdiskussion und Meisterreferate**

Leitung:
Hermann Pult
Leiter der Grundig-Akademie, Nürnberg

Meisterreferate

**„Die Änderung der Meisteraufgaben durch struk-
turelle Einflüsse — Arbeitsorganisation
und Arbeitsgestaltung"**

Erich Simmler
Triumph-Werke Nürnberg AG

**„Die Änderung der Meisteraufgaben
durch technologische Einflüsse"**

Alfons Auer
Maschinenfabrik Reinhausen,
Gebr. Scheubeck GmbH & Co KG, Regensburg

15.30   Kaffeepause

16.00   **Podiumsdiskussion und Meisterreferate —
Fortsetzung**

**„Mikroelektronik in der Fertigung —
Notwendigkeit, Auswirkungen und Chancen"**

Dipl.-Ing., Dipl.-Wirtsch.-Ing. Wolfgang Weber
Referent für Prozeßdatenverarbeitung,
Bayerische Motorenwerke AG, München

Außer den Referenten diskutieren:

Dipl.-Ing. Helmut Silbermann
Hauptbetriebsleiter der MAN Nürnberg

Franz Rottmeyer
Personalleiter der Pfanni AG, München

Horst Kuschel
DGB-Sozialrechtsstelle, Nürnberg

17.30   **Zusammenfassung und Ausblick**

Dr. Alfred Degelmann

Ende der Veranstaltung gegen 18.00 Uhr

Tagesleitung: Organisation:
Dr. Alfred Degelmann   Ursula Drechsler
RKW Bayern

Augsburg

„Das müssen wir wissen"

1. Genaue Bezeichnung der Veranstaltung (für die Hinweistafel)
2. Tag und Datum der Veranstaltung
3. Uhrzeit (von - bis)
4. Personenzahl (verbindlich 48 Stunden vor Beginn der Veranstaltung)
5. Art der Veranstaltung
6. Tischform   a) zur Konferenz
               b) zum Essen
7. Getränke   a) zur Konferenz
               b) zur Kaffeepause
               c) zum Empfang
               d) zum Essen
               e) nach dem Essen
8. Speisen   (Welche Speisenfolge wählen Sie?)
               a) Uhrzeit des Essens
               b) Personenzahl zum Essen
                 (verbindlich 48 Stunden vor der Veranstaltung)
9. Tischreden während des Essens (wann und wie lange?)
10. Menükarten zum Essen (besonderer Eindruck erwünscht?)
11. Blumenschmuck, Kerzenleuchter
12. Tabakwaren
13. Technische Geräte, Projektoren Flipchart, Leinwand etc.
14. Mikrofonanlage (tontechnische Geräte), Rednerpult
15. Genaue Rechnungsanschrift

Bitte sprechen Sie die Einzelheiten frühzeitig mit uns ab.

A☀ SCHLIERSEE HOTEL ☀

8162 Schliersee, Kirchbichlweg 18, Telefon 0 80 26/62 91-95, Telex 5-26 947

Ihre Firma _____

Anschrift _____

Ihr Name Herr/Frau/Frl. _____

Telefon _____ Privat (falls erwünscht) _____

Name des Veranstaltungsleiters _____

Datum und Zeit der Veranstaltung:

Ankunft: _____ Uhrzeit: _____

_____ Uhrzeit: _____

_____ Uhrzeit: _____

Abreise: _____ Uhrzeit: _____

Wieviel Personen sind Sie: _____

Welche Zimmer werden benötigt:

_____ Einzelzimmer inkl. Frühstück, mit Halbpension _____ mit Vollpension _____

_____ Doppelzimmer inkl. Frühstück, mit Halbpension _____ mit Vollpension _____

_____ Appartements inkl. Frühstück, mit Halbpension _____ mit Vollpension _____

Preisvereinbarung: DM _____ pro Person

Wie stellen Sie sich den zeitlichen Ablauf Ihrer Veranstaltung vor (Kaffeepausen, Mittagspausen, Reden, Ausflüge, Beginn der Veranstaltung)?

_____

_____

_____

_____

_____

_____

A✸ SCHLIERSEE HOTEL

8162 Schliersee, Kirchbichlweg 18, Telefon 0 80 26/62 91-95, Telex 5-26 947

Konferenzraum-Ausstattung

Ihre Firma wünscht Raum:

Bestuhlung:	T-Form	☐		Theaterbestuhlung	☐
	Block-Form	☐		Ball/Bankettbestuhlung	☐
	U-Form	☐		Stehempfang	☐
	Parlamentsform	☐		**(bitte Zutreffendes ankreuzen)**	

Kostenlos können wir Ihnen zur Verfügung stellen:

1. Rednerpult	☐ ja/nein ☐
2. Leinwand	☐ ja/nein ☐
3. Flip-Chart-Ständer (ohne Papier)	☐ ja/nein ☐
4. Tafel mit Kreide	☐ ja/nein ☐
5. Beschilderung zu dem Konferenzraum	☐ ja/nein ☐

Gegen Vereinbarung und zusätzliche Berechnung:

1. Tageslichtschreiber	☐ ja/nein ☐
2. Diaprojektor	☐ ja/nein ☐
3. Video VHS	☐ ja/nein ☐
4. Kamera	☐ ja/nein ☐
5. Filmprojektor (Super 8 mm oder 16 mm)	☐ ja/nein ☐
6. Mikrofon-und Lautsprecheranlage	☐ ja/nein ☐
7. Papier für den Flip-Chart-Ständer	☐ ja/nein ☐
8. Tagungsgetränke auf die Tische ☐ oder im Kühlschrank ☐	☐ ja/nein ☐
9. Blumenschmuck	☐ ja/nein ☐

(bitte Zutreffendes ankreuzen)

Ab wann benötigen Sie den Veranstaltungsraum:

Datum: _____   Uhrzeit: _____

Wann ist Ihre Veranstaltung zu Ende:

Datum: _____   Uhrzeit: _____

Dieser Programmablauf gilt auch als Reservierungsbestätigung!

A⚙ SCHLIERSEE HOTEL

8162 Schliersee, Kirchbichlweg 18, Telefon 0 80 26/62 91-95, Telex 5-26 947

Wer übernimmt welche Kosten?

	Firma	Teilnehmer
Übernachtung	☐	☐
Pension	☐	☐
Extraübernachtungen	☐	☐
Begleitpersonen	☐	☐
Getränke zu den Mahlzeiten	☐	☐
Tagungsgetränke	☐	☐
Pausengetränke	☐	☐
Barverzehr	☐	☐
Minibar	☐	☐
Weinstuben- u. Kegelbahnverzehr	☐	☐
Technische Geräte	☐	☐
Telefonate	☐	☐
Garage	☐	☐
Sonstiges	☐	☐

Wenn Sie sich für ein Pensions-Arrangement entschieden haben, wann beginnen Sie?

Ankunftstag: Mittagessen _____ _____ Uhr, Abendessen _____ _____ Uhr,

oder beginnen Sie erst am 1. Tagungstag: Mittagessen _____ _____ Uhr.

Wann endet Ihr Pensions-Arrangement:

Abreisetag: nach dem Frühstück _____, nach dem Mittagessen _____.

Arrangement-Änderungen müssen dem Hotel 48 Stunden vorher bekannt gegeben werden, da sonst keine Rückerstattung erfolgen kann!

Stornierungen müssen mindestens 12 Wochen vor Beginn der Veranstaltung dem Hotel bekannt gegeben werden, da sonst Stornogebühren berechnet werden!

Am Abreisetag sind die Hotelzimmer bis 12 Uhr zu räumen, damit ein reibungsloser Ablauf der nächsten Veranstaltung gewährleistet ist!

Anmerkungen: _____

_____

_____

101

Konferenzplanung mit Pannenhilfen

Auch in einer noch so gut vorbereiteten Konferenz oder Tagung können die Organisatoren und damit auch die Sekretärin durch Pannen in arge Bedrängnis kommen.

Eine Konferenz-Checkliste hilft, alle wesentlichen Punkte der Vorbereitung, der Durchführung und der Nachbereitung termingerecht zu erledigen. Trotzdem kann es passieren, daß Unvorhergesehenes die gute Organisation durcheinanderbringt.

Was tun Sie z. B., wenn bestellte Geräte wie Tageslichtprojektor, Diaprojektor oder Kassettenrecorder unvermutet ausfallen? Was fällt Ihnen ein, wenn der Techniker zu Beginn einer Versammlung gemütlich frühstücken geht und die Mikrofone nicht eingeschaltet sind? Wie reagieren Sie, wenn mehr Teilnehmer kommen als angemeldet sind und die Stühle nicht reichen? Wie helfen Sie sich, wenn das Hotel die Kaffeepause vergessen hat und die knapp bemessene Pause überschritten werden muß?

Oft gibt es noch schlimmere Situationen: der Vortragende ist in ein falsches Hotel gefahren, auf der Autobahn hängen geblieben; ein Konferenzraum ist morgens eiskalt, weil nachts die Heizung abgedreht war, oder das Hotel ist nicht vorbereitet, weil während einer Messe dort Notbetten aufgeschlagen wurden. Alle diese Situationen sind wirklich geschehen!

Sicher kann man nicht alle Pannen vorhersehen, aber ein Rezept hat sich bewährt: Gehen Sie Ihre Konferenz-Checkliste noch einmal durch und überlegen Sie dabei:

- Wo kann eine Panne passieren?
- Welche Panne könnte passieren?
- Was tun Sie, um die Panne zu beheben oder der Panne vorzubauen?

Was könnte passieren? Was kann man tun?

Programm
Gedruckte Programme reichen nicht: Überdrucke einkalkulieren, grundsätzlich für jeden Teilnehmer zur Veranstaltung ein zusätzliches Programm bereithalten (Teilnehmer vergessen manchmal ihre Unterlagen).

Hotel
Es gibt nicht genügend Zimmer: Besser immer sehr früh und mehr Zimmer als nötig bestellen (rechtzeitiges Abbestellen geht immer).

Parkplätze
Parkschwierigkeiten: Teilnehmer unbedingt darauf hinweisen. Problemlösung nennen (Parkhäuser und öffentliche Verkehrsverbindung).

Presse
Die erhoffte Pressemeldung bleibt aus: Presse nicht zu früh informieren, am Tag vorher anrufen, Pressenotizen vorbereiten, eventuell hinschicken.

Veranstaltungsraum
Klima zu heiß oder zu kalt: Immer eine halbe Stunde vorher kontrollieren (so lange braucht die Umstellung der Klimaanlage).

Sitzplätze
Es fehlen Plätze: Reserven einplanen, persönlich zählen.

Technik
Geräte fallen aus: Vorher überlegen, wie Ersatz besorgt werden kann.

Bewirtung
Für die Pausen steht zu wenig Bedienungspersonal zur Verfügung: Vorher sagen, wie lange die Pause dauert (den Gastronom fragen, wie viele Kellner er hat).

Als Muster »Checkliste mit Pannenhilfen« können die nächsten Seiten dienen, die man per Kopierer vergrößern und bei vielen Anlässen einsetzen kann.

Checkliste für die Planung von

<table>
<tr><td>Vorbereitungsphase</td><td>Termin</td><td>Wieder-vorlage</td></tr>
</table>

PROGRAMM

Themen		
Inhalt		
Reihenfolge		
Zeiten / Pausen		

VERANSTALTUNGSORT

Stadt		
Haus		
Räume		
Hotels		
Zimmer		
Hinweisschilder		
Anreisemöglichkeit		
Parkplätze		

TEILNEHMER

Zahl		
Referenten		
Gäste		
Presse		

Konferenzen und Tagungen

Verant- wortlich	Erledigt	Bemerkungen / Pannenhilfe

Checkliste für die Planung von

Vorbereitungsphase	Termin	Wieder-vorlage
EINLADUNG		
Inhalt		
Form		
Anzahl		
Herstellung		
Versand		
Anlagen		
Teilnehmerbestätigung		
VERANSTALTUNGSRAUM		
Zahl der Plätze		
Sitzordnung / Podium		
Belüftung		
Beleuchtung / Verdunkelung		
Dekoration		
Projektionsfläche		
FOTOGRAF		

Konferenzen und Tagungen

Verant-wortlich	Erledigt	Bemerkungen / Pannenhilfe
		© Ursula Drechsler RKW-Bayern

Checkliste für die Planung von

Vorbereitungsphase	Termin	Wieder-vorlage

ARBEITSPLATZ DER TEILNEHMER

Schreibpapier		
Programm / Konferenzmappe		
Bleistift / Kugelschreiber		
Ordner / Hefter		
Namensschilder		
Aschenbecher		
Erfrischungsgetränke		

KONFERENZUNTERLAGEN

Inhalt		
Form		
Anzahl		
Herstellung		

Konferenzen und Tagungen

Verant-wortlich	Erledigt	Bemerkungen / Pannenhilfe

Checkliste für die Planung von

Vorbereitungsphase	Termin	Wieder-vorlage
TECHNIK UND HILFSMITTEL		
Mikrofon		
Lautsprecher		
Filmprojektor		
Diaprojektor		
Videorecorder		
Software		
Epidiaskop		
PC		
Anschlüsse		
Kabel / Stecker		
Tafel		
Flipchart		
Metaplantafel		
Zeigestock		
Ersatzteile		

Konferenzen und Tagungen

Verant-wortlich	Erledigt	Bemerkungen / Pannenhilfe
		© Ursula Drechsler RKW-Bayern

Checkliste für die Planung von

Vorbereitungsphase Termin Wieder-vorlage

BÜROMATERIAL UND 1. HILFE

Locher		
Hefter		
Tesafilm		
Schreibmaschine		
Rechenmaschine		
Blöcke / Stifte		
Schere		
Bindfaden		
Klebstoff		
Papier / Umschläge		
Heftzwecken		
Nähnadeln / Sicherheitsnadeln		
Sonstiges		
Kopfschmerztabletten		
Pflaster		

Verant-wortlich	Erledigt	Bemerkungen / Pannenhilfe
		© Ursula Drechsler RKW-Bayern

Checkliste für die Planung von

Vorbereitungsphase	Termin	Wieder-vorlage
BEWIRTUNG		
Während der Veranstaltung		
In der Vormittagspause		
In der Mittagspause		
In der Nachmittagspause		
Abends		
NEBENPROGRAMM		
Buchausstellung		
Theater / Konzert / Sport		
Besichtigungen		
Gesellschaftsprogramm		
Damenprogramm		
MITARBEITER + HILFSKRÄFTE FÜR		
Empfang		
Auskunft		
Technik / Vorführer		
Protokoll		
Presse		

Konferenzen und Tagungen

Verant-wortlich	Erledigt	Bemerkungen / Pannenhilfe

© Ursula Drechsler
RKW-Bayern

Checkliste für die Planung von

Durchführungsphase

PROGRAMMPUNKT

Begrüßung (Drink)

Vorstellung der Referenten

Referate

Protokoll

Diskussion

Abschluß

Sonstiges

Abschlußphase | Termin | Wieder-vorlage

MAßNAHME	Termin	Wiedervorlage
Erfolgskontrolle		
Protokollversand		
Versand Informationsmaterial		
Dankschreiben		
Abrechnungen		
Bericht / Presse		
Kostenaufstellung		
Sonstiges		

	Bemerkungen und Pannenhilfe

Verant-wortlich	Erledigt	Bemerkungen / Pannenhilfe

Namensschilder für Konferenzen

Die Vorbereitung von Namensschildern wird meist der Sekretärin überlassen. Hierbei gilt es zu beachten, daß bei Pappschildern und einer Sitzordnung in U-Form möglichst beide Seiten mit dem Namen beschriftet werden.

Zusätzlich erhalten die Teilnehmer, wenn sie sich untereinander nicht kennen, Schilder, die an der Kleidung befestigt werden sollen. Bisher gab es da Probleme mit Anstecknadeln. Niemand zersticht sich gern seinen Anzug oder seine seidene Bluse. Auch die Einsteckschildchen aus Plastik sind nicht optimal. Hier ist wieder nur an Herren gedacht, die eine Sakkotasche haben. Wo bleibt die Emanzipation?

Für beide Geschlechter sehr praktisch sind die selbstklebenden Stoffschildchen, die — ohne Spuren zu hinterlassen — auch wieder entfernt werden können. Hierzu ein Tip: Halten Sie immer ein paar Reserveschilder bereit, wenn die Konferenz mehrere Tage dauert — es kann sein, daß das Schild nicht mehr klebt.

Diese Stoffschilder kann man jetzt auch mit Firmennamen, Firmenzeichen in verschiedenen Farben und Größen als Rolle herstellen lassen. Das gibt der Konferenz einen perfekten Akzent.

Teurer, aber repräsentativer sind Namensschilder in einer Plastiktasche mit Clip oder mit Kette zum Umhängen.

Konferenzen managen mit dem PC

Für PC-Besitzer gibt es eine kluge Hilfe für die Organisation, egal ob zwanzig Teilnehmer für eine Schulung oder tausend für einen Kongreß erwartet werden.

Das Software-Programm »Meeting Manager« (Firma AMBOS, München) ist ein Desktop Management System und arbeitet menügesteuert. In jeder Phase der Organisation — ob vorher, während des Treffens oder nachher — ist der Überblick gesichert. Änderungen, Absagen, Stornierungen, Themen oder Rahmenprogramme können bis zu 999 Meetings parallel erfaßt werden. Die Adressendatei kann mit Selektionskennzeichen, wie Beruf, Stellung im Betrieb, Firma, Branche, Land usw. versehen werden und steuert auch den Druck der Adreßetiketten. Textverarbeitung für die Einladung, Korrespondenz, Listen nach verschiedenen Gesichtspunkten ist genauso möglich wie das Verwalten veranstaltungsbezogener Daten wie Terminen, Hotelbuchungen, Gebührenstaffeln, Mahnverfahren oder Wechselkursen für ausländische Teilnehmer.

Das Organisieren am Computer ist ohne EDV-Kenntnisse von Sekretärinnen und Organisatoren mit einem Über-

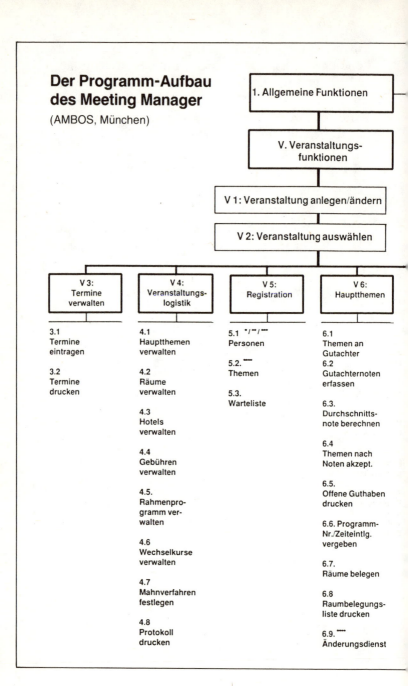

Der Programm-Aufbau des Meeting Manager

(AMBOS, München)

1. Allgemeine Funktionen

V. Veranstaltungsfunktionen

V 1: Veranstaltung anlegen/ändern

V 2: Veranstaltung auswählen

V 3: Termine verwalten	**V 4:** Veranstaltungslogistik	**V 5:** Registration	**V 6:** Hauptthemen

V 3: Termine verwalten

3.1 Termine eintragen

3.2 Termine drucken

V 4: Veranstaltungslogistik

4.1 Hauptthemen verwalten

4.2 Räume verwalten

4.3 Hotels verwalten

4.4 Gebühren verwalten

4.5. Rahmenprogramm verwalten

4.6 Wechselkurse verwalten

4.7 Mahnverfahren festlegen

4.8 Protokoll drucken

V 5: Registration

5.1 */**/*** Personen

5.2. **** Themen

5.3. Warteliste

V 6: Hauptthemen

6.1 Themen an Gutachter

6.2 Gutachternoten erfassen

6.3. Durchschnittsnote berechnen

6.4 Themen nach Noten akzept.

6.5. Offene Guthaben drucken

6.6. Programm-Nr./Zeiteintlg. vergeben

6.7. Räume belegen

6.8 Raumbelegungsliste drucken

6.9. **** Änderungsdienst

	Allgemein:
	1 A: Adressen verwalten
	1 B: Adressen drucken
	1 C: Etiketten drucken
	1 D: Korrespondenz erstellen
	1 E: Korrespondenz drucken*****
	1 F: Termione verwalten
	1 G: Termine drucken
	1 H: Wechselkurse verwalten
	1 I: Mahnverfahren festlegen

V 7: Veranstaltungsgebühr	V 8: Listen drucken	V 9: Rechnungswesen	V A: Korrespondenz
7.1 Veranstaltungsgebühren buchen	8.1 Adressen	9.1 Rechnung/Gutschrift drucken	A.1 Briefe erstellen und ändern
7.2 Hotel buchen	8.2 Personen	9.2 Offene Postenliste drucken	A.2 **** Briefe drucken
7.3 Hotelunterkunftsliste drucken	8.3 Personengesamtübersicht	9.3 Mahnschreiben drucken	A.3 Etiketten drucken
7.4 Rahmenprogramm buchen	8.4 Sprachenliste	9.4 Teilnehmer löschen	
7.5 Rahmenprogramm Teilnehmerliste drucken	8.5 Liste der Hauptthemen	9.5 Begleitpersonen löschen	
	8.6 Liste der Themen		
	8.7 Übersichtstabelle Themen		

```
    * = Bearbeitungsfolge
   ** = Vorbelegungsliste
  *** = Stornierung
 **** = Abstrakt-Info
***** = Druck-Parameter
```

sichts-Faltblatt problemlos zu steuern. In numerischer Folge werden die Funktionen des Programms aufgeführt, sie sind gleichzeitig eine Checkliste für die Planung.

Der Programmaufbau bietet einen ersten Eindruck:

- Allgemeinfunktionen
- Veranstaltungsfunktionen
- Veranstaltung auswählen
- Termine verwalten
- Veranstaltungslogistik
- Registration

- Hauptthemen
- Veranstaltungsgebühr
- Listen drucken
- Rechnungswesen
- Korrespondenz

Die Arbeit mit dem Softwarepaket (inklusive Handbuch) macht Spaß, ist zuverlässig und läßt eigene Varianten zu. Technische Voraussetzungen: PC mit mindestens 512 KB RAM, Betriebssystem MS-DOS, Festplatte und Drucker.

Wie festliche Veranstaltungen erfolgreich werden

Sicher hat nicht jeder täglich eine Feier zu organisieren, aber täglich wird irgendwo irgendwas gefeiert. Feiern Sie immer »richtig«? Oft geht bei festlichen Veranstaltungen etwas schief, weil wichtige Dinge übersehen wurden. Der Regierungspräsident von Oberbayern, Raimund Eberle, hat aus seiner langjährigen Erfahrung ein »Rezeptbuch« (»Der Festakt«, Franz Rehm Verlag, München) für alle verfaßt, die sich keine peinlichen Pannen leisten wollen und sicher mit dem »Protokoll« umgehen möchten.

Für festliche Veranstaltungen müssen Sie wissen:

- In welcher Reihenfolge Gäste begrüßt werden
- Was eine Hofrangfolge ist
- Wer »wann« spricht
- Wer am Pressetisch sitzen möchte
- Ob es sinnvoll ist, 97 Geschäftsfreunde zum 40. Geschäftsjubiläum am Sommer-Sonntag-Vormittag mit Damen einzuladen.

Anwendbar sind die Tips für alle Ereignisse, bei denen es »festlich« zugehen soll — ganz gleich, ob in Firmen oder Behörden.

Konferenzvorbereitung und Chefentlastung
Überblick zur Selbsteinschätzung
(nach der gesetzlichen Verordnung »Geprüfte Sekretärin«)

Die Sekretärin

- kann Besprechungen, Sitzungen, Tagungen vorbereiten, betreuen und auswerten
- klärt die Fragen der Vorbereitungsphase
- achtet auf die Grundsätze der Terminfestlegung
- legt spezielle Kriterien für die Wahl der Tagungsorte zugrunde
- kümmert sich um die Teilnehmer
- weiß, was zur Einladung und Tagesordnung gehört
- stellt (Besprechungs-)Unterlagen zusammen
- informiert alle beteiligten Stellen
- kennt Voraussetzungen für den reibungslosen Ablauf
- weiß, welche technischen Einrichtungen nützlich sind

Kapitel 5

Chefreisen organisieren und richtig vorbereiten

Überlegungen für Chefreisen

Die Sekretärin und der Chef auf Reisen

Muster eines Ablaufplans für Chefreisen

Vordruck Reiseplan mit Desktop-Publishing

Zusammenarbeit mit einem Reisebüro
Die Vorteile des Firmenschalters

abr-Formular für die Flugbestellung

abr-Formular für die Fahrkartenbestellung

Hapag-Lloyd's Reisebestellformular für Sekretärinnen

Formular Reiseabrechnung

ADAC-Tourenpaket

Reiseorganisation und Chefentlastung
Überblick zur Selbsteinschätzung
(nach der gesetzlichen Verordnung »Geprüfte Sekretärin«)

Chefreisen organisieren und richtig vorbereiten

Kein Betrieb funktioniert wie ein anderer, kein Chef ist wie ein anderer Chef, keine Aufgabe im Sekretariat entspricht genau der in einem anderen Sekretariat. Gerade bei der Reisevorbereitung kommt es auf die persönliche Absprache mit dem Chef an. Es gibt Chefs, die viel reisen, andere reisen weniger. Die einen planen und organisieren ihre Reisen selbst, die anderen wollen alles — auch schwierigere Auslandsreisen — bis ins Kleinste von ihrer Sekretärin vorbereitet haben. Entsprechend sind die Anforderungen an die Sekretärin.

Wer ständig mit Reisevorbereitung zu tun hat, muß sich um aktuelle Informationen bemühen und perfekt mit dem Kursbuch umgehen können. Dafür gibt es Weiterbildungsmöglichkeiten, Seminarangebote (z.B. beim RKW in München) und aktuelle Meldungen der Reisebüros.

Initiative ist nötig, um Hilfsmittel zur Reisevorbereitung zu entwickeln. In Seminaren stellt sich immer wieder heraus, daß Sekretärinnen für die Reiseplanung keinen Vordruck haben. Sie schreiben die Daten auf ein leeres DIN A4-Blatt und geben es dem Chef in die Hand. Dabei kann ein Vordruck, der allen Gesetzen der Vordruckgestaltung entspricht, sehr viel mehr nutzen:

- Er enthält alle wichtigen Stichwörter für einen Reiseplan.
- Nichts wird vergessen.
- Er kann individuell ausgefüllt werden.
- Er kann kopiert oder im Durchschreibesystem in der nötigen Anzahl hergestellt werden.
- Außer dem Chef können Vertreter, Sekretärin, Fahrer, Mitreisende, Familie Kopien bekommen.
- Mit einem tadellos ausgefüllten Reiseplan ist der Chef gut vorbereitet und entlastet (für jeden Reisetag 1 Plan).
- Durch diesen Plan ist der Chef jederzeit erreichbar.

- Er nützt auch bei der Reisekostenabrechnung, wenn Ergänzungen lückenlos eingetragen werden.

Entwerfen Sie selbst einen Reiseplanvordruck oder übernehmen Sie den Vordruckvorschlag (S. 132 f.).

Reisevorbereitungen sollten rechtzeitig getroffen werden, um Hektik und Nervosität auszuschalten. Sicher ist das nicht immer möglich. Es gibt Situationen, in denen der Chef sich — im Interesse des Hauses — plötzlich zu einer Reise entschließt. Besonders in diesen Fällen ist es nötig, die Vorbereitungen routinemäßig abzuwickeln, damit nichts schief läuft.

Was ist für Routine-Reisevorbereitung nötig?

- Checklisten mit möglichst vielen Stichworten, damit nichts vergessen wird.
- Formulare für den Reiseplan, die nur noch ausgefüllt werden müssen. Die Spalten zwingen zur Überlegung, ob an alles gedacht wurde. Format DIN A4.
- Die Reisekartei enthält alle wichtigen Daten von Reisen und wird ständig ergänzt (z. B. Anreiseweg, Lokale, Kontakte am Ort). Ordnung nach Orten ist zweckmäßig. Für Auslandsreisen an Stichworte denken: Reisepaß, Visum, Devisen, Internationaler Führerschein, Benzinscheine, Impfungen, Medikamente.
- Die neuesten Flugpläne, Kursbücher, Atlanten, Autokarten.
- Telefonverzeichnis mit allen Nummern der Informations- und Kontaktquellen: Fluggesellschaften, Reisebüro, Bundesbahn, Hotels.
- Vordrucke zur Arbeitsvereinfachung: Terminanfragen, Reiseabrechnungen, Bestätigungen etc.
- Hotelkartei (kann auch mit Reisekartei kombiniert werden). Hier sollten alle Vorteile und Nachteile eingetragen werden. Außerdem die neuesten Preise. So kann man bei Preisanfragen sofort argumentieren. Auch

Empfehlungen und Erfahrungen des Chefs und anderer Reisender stichwortartig festhalten — mit Notiz, von wem die Information stammt.

Überlegungen für Chefreisen

Vor der Reise (Vorbereitungsphase)

- Wer plant die Reise?
- Wer muß informiert werden?
- Was ist zu tun?
- Wer trifft welche Vorbereitungen?

Für die Reise (Durchführungsphase)

- Was nimmt der Chef mit?
- Wie sieht der Reiseplan aus?
- Wo ist der Chef zu erreichen?
- Wer vertritt den Chef?
- Was muß inzwischen erledigt werden?

Nach der Reise (Abschlußphase)

- Was muß nach der Reise veranlaßt werden?
- Reisekostenabrechnung.

Die Sekretärin und der Chef auf Reisen

Wie soll sich eine Sekretärin als Reisebegleiterin verhalten? Wenn Ihr Chef Sie auf eine Reise mitnimmt, erwartet er von Ihnen eine deutliche Entlastung. Sie sollen ihm alle organisatorischen Dinge abnehmen. Dazu gehört natürlich auch die Abwicklung mit dem Hotel, das Zahlen der Rechnungen (eventuell), das Mitnehmen und Tragen der Unterlagen. Wenn Sie Zweifel haben, wann die beruflichen und wann die gesellschaftlichen Regeln gelten, vergleichen Sie Ihre Aufgaben als *Sekretärin unterwegs* mit denen einer Reiseleiterin. Als Begleiterin des Chefs haben Sie die Funktion einer Reiseleiterin und müssen auch die entsprechenden Aufgaben übernehmen.

Muster eines Ablaufplans für Chefreisen

Wie gehen Sie vor? Woran müssen Sie denken?

Planen	Möglichst rechtzeitig. Termine meiden, die ungünstig liegen. Verkehrsmittel, Reisebegleitung klären. Besonders beachten: Bedingungen für Auslandsreisen.
Besuchstermine	festlegen: wer, wann, wo zu treffen ist. Schriftlich, telefonisch, fernschriftlich verabreden.
Korrespondenz	Durchschläge zusätzlich für Reisemappe aufheben.
Bestätigungen	Eingang kontrollieren und nachfassen.
Reisebüro	anrufen und Verbindungen klären. Wenn Reiseplan steht, Karten bestellen.
Hotelzimmer	reservieren. Aussuchen nach individuellen Wünschen, Verkehrslage, Preisklasse etc.
Reiseplan	aufstellen. Er enthält: Tag und Uhrzeit, Gesprächspartner, Hotels, Verkehrsverbindungen, km-Entfernungen, Anschriften, Telefonnummern, Zweck des Besuches, Hinweis auf Unterlagen, Terminbestätigungen und eine zusätzliche Spalte für Bemerkungen. Hier können auch Ersatzmöglichkeiten für Fahrverbindungen eingetragen werden. Platz lassen für Ergänzungen! Genügend Kopien anfertigen: für die Brieftasche des Chefs, für die Reisemappe, für das Sekretariat. Eventuell noch für private Zwecke (Ehefrau), für den Vertreter im Büro, für den Pkw-Fahrer, für Mitreisende, Kontaktpersonen in Filialen.

Vertreter ⬇	Vertretungstermine besprechen. Kopie des Reiseplans geben. Laufende und zu erwartende Geschäftsvorgänge diskutieren.
Sekretärin ⬇	informieren, was sie selbst, was der Vertreter erledigen soll, was nachgeschickt wird und was liegen bleibt.
Reisemappe ⬇	gründlich vorbereiten. Logische Trennung der Besprechungsunterlagen von Reisebelegen. Für jeden Besprechungstermin eine Klarsichthülle, eventuell Extraordner anlegen. Außen deutlich beschriften.
Fahrkarten/ Flugscheine ⬇	in getrennter Hülle, chronologisch aufbewahren.
Was noch? ⬇	Notizpapier, Schreibmaterial, Diktiergerät, Visitenkarten, Schecks, Reisekostenvorschuß, Ausweise, Fahrpläne, Stadtpläne, Kreditkarten statt Bargeld.
Abschluß/ Auswertung ⬇	Korrespondenz, Berichte, Aufträge nach Diktat erledigen. Reisekostenabrechnung sofort in Angriff nehmen.

Vordruck Reiseplan mit Desktop-Publishing

Die Vordruckgestaltung und -herstellung war bisher immer Sache von Druckereien. Vordrucke wurden auch einfacher mit der Schreibmaschine erstellt. Durch den immer häufigeren Einsatz von Personalcomputern am Arbeitsplatz kann jetzt praktisch jeder — mit dem entsprechenden Programm (z. B. Pagemaker) und einem Laserdrucker — sein eigener Hersteller und Gestalter von Vordrucken werden. Das macht sogar Spaß!

Damit jeder Reiseplan systematisch aufgebaut wird, ist ein flexibel gestalteter Reiseplanvordruck nötig, der allen Ansprüchen genügt und individuell ausgefüllt werden kann.

Wie das abgebildete Muster (S. 132 f.) zeigt, sollte der Reiseplan folgende Punkte enthalten:

Bezeichnung

Das Formular muß deutlich als Reiseplan erkennbar sein.

Für wen

Der Name des Reisenden kann ergänzt werden durch Funktions- oder Abteilungsangabe.

Datum

Als Leitpunkt führt dieser Begriff das Reisen an. Hier kann als Datum

a) ein einzelner Tag eingetragen werden,
b) für weitere Tage werden jeweils neue Formulare ausgefüllt,
c) bei wenigen Terminen genügt auch ein Vordruck für mehrere Tage. Eingetragen wird dann vom ... bis ...

Reiseziel

Hier kann bei nur einem Reiseziel

a) der Ort eingetragen werden,
b) bei mehreren Orten kann das 1. und das letzte Ziel genannt werden, da sich die dazwischenliegenden Ziele aus den nächsten Spalten ablesen lassen.

Es können für mehrere Reiseziele auch jeweils neue Vordruckseiten benutzt werden.

Kopien

Wer über die Reisetermine Bescheid weiß, sollte hier eingetragen werden. Das ist gleichzeitig die Erinnerung für die Reiseorganisation, Zuständige zu benachrichtigen.

Kopien können z. B. bekommen:

a) die Vertretung,
b) die Sekretärin,
c) der Fahrer (bei Pkw-Reisen),
d) die Reisegruppe, Mitreisende,
e) die Familie.

Reiseplan

für _____ Reise nach _____

Datum	Uhrzeit Dauer	Abfahrt von Fahrt mit Ankunft in	Besprechung mit Adresse, Telefon	Bemerkungen Bestätigungen

Geplant von _____ am _____ Kopien an _____

Reiseplan

für __Herrn Dr. Strauch__   Reise nach __Berlin__

Datum	Uhrzeit Dauer	Abfahrt von Fahrt mit Ankunft in	Besprechung mit Adresse, Telefon	Bemerkungen Bestätigungen
22.10.88	08.15 h	Abfahrt vom Büro im Firmen-wagen		Fahrer hält auf dem Hof
	08.40 h	Einchecken Pan American Schalter		Ticket 1. Klasse in abr-Mappe
	09.10 h	Abflug PA 694 Berlin		
	10.20 h	Ankunft Berlin		keine Abholung
		Taxi nehmen zum Hotel Kempinsky	Hotel Kempinsky Kurfürstendamm 28 Tel. (0 30) 11 22 33	ruhiges Zimmer für 2 Nächte bestellt Bestätigung Fax-Kopie in Reisemappe
	12.00 h	Mittagessen im Restaurant mit Herrn Schneider, Frau Witt		Ecktisch ist reserviert
	15.00 h	Taxi nehmen	Besprechung mit Herrn Rutzen RKW Berlin Rankestr. 5 - 6 Tel. (0 30) 8 81 50 21	Kopie der Besprechungsunter-lagen in Reisemappe
	19.00 h 19.30 H	Taxi nehmen zur Deutschen Oper Opernbeginn	Deutsche Oper Bismarckstraße	Karten noch an der Kasse abholen

Geplant von __Ursula Drechsler__   am __19.10.88__   Kopien an __Vertrieb D. Silver / Frankreich__

© Ursula Drechsler
RKW Bayern

133

Kopien können dem Reisenden auch mehrfach mitgegeben werden:

1. für die Brieftasche,
2. für die Reisemappe.

Die wichtigsten Informationen zum Reiseverlauf sollen möglichst schnell — auf einen Blick — erfaßt werden. Hierfür sind Spalten vorgesehen, die — je nach Leittext-Überschrift — alle möglichen Ergänzungen einschließen.

Uhrzeit
Dauer

sollte möglichst genau ausgefüllt werden. Zum Begriff *Dauer* kann eine Circa-Angabe genügen.

Abfahrt von
Fahrt mit
Ankunft in

In diese Spalte gehören genaue Tatsachen und übersichtliche Angaben. Ergänzungen stehen dazu in der Spalte *Bemerkungen*.

Besprechungen mit
Adresse, Telefon

Der Termin und die Nennung des Gesprächspartners sind selbstverständlich. Zusätzliche Adressen- und Telefonangaben ermöglichen dem Chef jederzeit schnelle Kontakte, falls ein Termin verschoben werden muß. Er selbst ist sicher erreichbar, wenn die Reise gut terminiert ist.

Bemerkungen
Bestätigungen

Diese Spalte soll Ergänzungen zu den anderen Angaben bringen. Bei einer Reise mit dem Pkw z.B. *»Fahrer wartet beim Pförtner«*. Bei Reisen mit einem Intercity z.B. reserviertes Abteil, Wagennummer und Platzkarte.

Ergänzung zu Besprechungen könnte der Besuchsgrund sein oder Hinweis auf Besprechungsunterlagen. Terminbestätigungen der Hotels können sich auf die Art des bestellten Zimmers beziehen.

Auch alle anderen wichtigen Informationen, für die kein Leittext vorgegeben ist, haben hier ihren Platz.

Zusammenarbeit mit einem Reisebüro
Die Vorteile des Firmenschalters

Welche Sekretärin stöhnt nicht hin und wieder über die zusätzliche Belastung, die ihr durch Reisevorbereitungen für den Chef entsteht? Wenn es Ihnen ähnlich geht und Sie bisher alles selbst erledigt haben, sollten Sie an die Zusammenarbeit mit dem Firmenschalter eines Reisebüros denken. Arbeitszeit und Kosten können damit gespart werden. Der Reisebüro-Firmenschalter ermöglicht auch den Vergleich mit der eigenen Planung. Im einzelnen bietet er folgende Vorteile:

- Schnelle und sichere Auskunfts- und Reservierungsmöglichkeiten
- Hinweise auf die kostengünstigste Reisemöglichkeit
- Neueste Informationen zu Reisen aller Art (kostenlos)
- Von der Mietwagenbestellung bis zum japanischen oder arabischen Visitenkartendruck wird alles organisiert
- Visa-Besorgungen
- Rechnungen speziell nach innerbetrieblichen Wünschen, z.B. nach Kostenstellen, Projekten, Personen
- Sammelrechnungen, z.B. monatlich
- Rücknahme nicht genutzter Fahr- und Flugkarten
- Betreut auch Kunden, die keinen Firmen-Reisedienst am Ort haben
- Die Sekretärin hat immer denselben Ansprechpartner
- Es wird alles kostenlos ins Haus geliefert
- Formulare werden zur Verfügung gestellt, die bereits getestet sind und wichtige Punkte wie Paß, Visa, Leihwagen, Versicherungen enthalten (s. Muster S. 136 bis 143).
- Es gibt auch privat für die Sekretärin gute Tips für ihre Urlaubsreise

abr-Formular für die Flugbestellung

abr
amtliches
bayerisches
Reisebüro

Tagesstempel:

Selbstabholer zur Ausgabe	Zustellung	Hinterlegung Flughafen	R
auf Rechnung	Versand	zur Ausgabe kostenlos	
gegen Bezahlung	Nachnahme	gegen Bezahlung	G

Familienname / Initial   Mr/Mrs/Chd/Inf

Firma

ggf. Abteilung

Straße

PLZ   Ort

Name des Bestellers

Tel.-Nr.

Ticket-Nr.

Flug-Ges.	Flug-Nr.	Klasse	Wochentag	Datum	Strecke/Code	Abflug	Ankunft	Status	Gegeben durch	Filekey:
										Abw-Nr.:

136

Tarifbasis:

Thema behandelt? →	Paß	Visa	Impfungen	Leih-wagen	Versiche-rungen	Bahnfall parallel ☐	FCU

Bemerkungen/Hotelreservierungen/Empfangsbestätigung:

DMK

Tax:

Total:

11/F 004

abr-Formular für die Fahrkartenbestellung

Firma

Abt.

Straße

PLZ   Ort

Besteller:

Tel. Nr.

Name des Reisenden   Herr / Dame

abr   amtliches bayerisches Reisebüro GmbH

aufgenommen am Tagesstempel

Selbstabholer	☐	RE-Nr.
Hinterlegung 64/65	☐	

Barverkauf	Kreditverkauf	CN-Nr.
☐	☐	

Zustellung	Versand
☐	☐

Reisetag:

Fahrkarten   Anzahl   /   Klasse

Hinfahrt:	D - IC/TEE
Rückfahrt:	D - IC/TEE

A-Nr.

Schlafwagen	Abfahrtszeit	Zug-Nr.	VON	–	NACH	Klasse		Zuteilung		Bettkarten Nr.	Freimachung
						S	D	Wagen	Bett		Tag
						Sp	T				Uhr

Prüfzahl·

Zustieg am:

Mehrwertsteuer

DB
DSG
ISTG
LWG
PLK
TEE
TEL

Zustieg am:

Prüfzahl:

Zustieg am:

Prüfzahl:

Liegewagen	Abfahrts-zeit	Zug-Nr.	VON — NACH	Kl.	R N	Anzahl O M U	S Sp T	Zuteilung Wagen / Liege	Liegekarten Nr.	Freimachung / Tag / Uhr

Zustieg am:

Prüfzahl:

Zustieg am:

Prüfzahl:

Platzreser-vierung	Abfahrts-zeit	Zug-Nr.	VON — NACH	Kl.	R N	Anzahl F M G	Sp T	Zuteilung Wagen / Platz	Platzkarten Nr.	TEE-Freimachung / Tag / Uhr

Prüfzahl:

Zustieg am:

Prüfzahl:

Zustieg am:

Prüfzahl:

Zustieg am:

Prüfzahl:

Zustieg am:

Prüfzahl:

Vermerke:

Telefon
Telex
Porto DM

Kunden verständigen: ☐   Flugfall parallel ☐

900 F/11

Hapag-Lloyd's Reisebestellformular für Sekretärinnen

Hapag-Lloyd Reisebüro

Firmen-Reisedienst

Telefon: **(089) 51 51 - 0**

Bitte beachten:

☐ Gültiger Paß/
  Personal/Ausweis

☐ Visum

☐ Impfungen
  Gültiger Impf-Ausweis

☐ Hotel-Reservierung

☐ Mietwagen

☐ GKA oder Netzkarte

☐ Schlafwagen

☐ Platz-Res. R/N'raucher. Bei IC/TEE
  Großraum- oder Abteilwagen

Datum	von	nach	

Form 510 2.78

140

Reisebestellformular für Sekretärinnen

Kostenstelle: _____   Abhol-/Zustelltermin: _____

Name des Reisenden:						
Telefon/Telex vom Hotel						
Terminplanung						
Devisen						
Reise-versicherung						
Notizen	Zeit	Flug/ Zug Nr.	F	Y	Reserviert am/bei	Res. Status
	Ab					
	An					
	Ab					
	An					
	Ab					
	An					
	Ab					
	An					
	Ab					
	An					
	Ab					
	An					
	Ab					
	An					
	Ab					
	An					
	Ab					
	An					

Formular-Reiseabrechnung

Reiseabrechnung

Tag	Fahrzeit		von	nach	Zweck
	ab	an			

Reisespesen DM _____   Sum

% Vorschuß DM _____

= Auszahlung DM _____

Betrag erhalten:

Ges

_____   _____
Datum   Unterschrift

KÖNIG·DRUCK · 822 — 5037 · Reiseabrechnung
R.König Verlags-GmbH · Flössergasse 7 · 8000 München 70 · Tel.: 089/72 49 728

142

				Name				
				Personal-Nr.				
				Abteilung				

PKW-Kosten		Tages-pauschale	Übernach-tungs-pauschale	Ausgaben lt. Beleg			Kontierung
m	DM			Beleg Nr.	DM	Vorsteuer	

Aussteller		Genehmigt		Rechnerisch geprüft
Datum	Unterschrift	Datum	Unterschrift	Unterschrift

143

Besonders bei Auslandsreisen kann der Rat eines Fachmanns vom Firmenschalter wichtig sein: Die Tarifsituation wird immer komplizierter und verwickelter. Auch Hotelpreise können von Fall zu Fall durch die Buchungsmenge günstiger sein. Es gibt Sonderkonditionen — auch von der Bundesbahn — für Großkunden.

Auch der ADAC bietet Hilfen.

ADAC-Tourenpaket

Sollte Ihr Chef Mitglied beim ADAC sein, lohnt sich zur Reisevorbereitung die Anforderung eines entsprechenden Tourenpaketes. Sie sind zwar für Urlaubsreisen gedacht, bieten aber auch Geschäftsreisenden Vorteile.

Das ist in einem ADAC-Tourenpaket — kostenlos — enthalten:

- Reise-Kurzführer
- Ständig aktualisierte Straßenkarten
- Auf Ihre Wünsche zugeschnittener Routenvorschlag, eingezeichnet in Ihre Straßenkarte
- Stadtführer mit Plan
- Ausflugskarten rund um das Ziel
- Merkblätter über Fahrverbindungen, Alpentunnel, Mautgebühren und Autoverladungen
- Hotelinformationen für Übernachtungen auf der Reisestrecke
- Reiseinformationen über Einreisebestimmungen, Zoll- und Verkehrsvorschriften

Das Tourenpaket gibt es für alle europäischen Länder, sowie für USA und Kanada.

Reiseorganisation und Chefentlastung
Überblick zur Selbsteinschätzung
(nach der gesetzlichen Verordnung »Geprüfte Sekretärin«)

Die Sekretärin

- kann selbständig Dienstreisen planen
- nimmt ihren Verantwortungsbereich vor, während und nach Dienstreisen wahr
- nützt Reiseinformationsstellen, Informationsquellen und Nachschlagewerke
- speichert Reiseinformationen (Checklisten, Adressen, Hotels, Kontaktstellen)
- weiß, welche Verkehrsmittel und -zeiten von Fall zu Fall günstig sind
- vereinbart nötige Termine
- stellt Reiseplan mit Routen auf
- übernimmt Reservierungen und besorgt Reisepapiere
- beachtet Besonderheiten, z. B. bei Auslandsreisen
- sorgt für Erledigung und Bearbeitung der Aufgaben in Abwesenheit des Chefs
- wertet Reisen aus und rechnet ab.

Kapitel 6

Sekretärinnen formulieren selbständig

Schreiben Sie moderne Briefe?
22 Fragen zur Selbsteinschätzung

Checkliste:
22 mögliche Antworten zum Fragebogen

Muster für Pendelbrief und Pendel-Fernkopie

15 Bausteine für die erfolgreiche Geschäftskorrespondenz mit Beispielen

Korrespondenz-Checkliste:
Prüfen Sie Ihre Texte

Textverarbeitung aus verschiedener Perspektive

Englische Fernschreibabkürzungen mit deutscher Übersetzung und Checkliste

Regeln für das Phonodiktat

Briefe gestalten
Regeln und Empfehlungen

Textformulierung und Chefentlastung
Überblick zur Selbsteinschätzung
(nach der gesetzlichen Verordnung »Geprüfte Sekretärin«)

Sekretärinnen formulieren selbständig

Im Zusammenhang mit der Chefentlastung will ich in diesem Buch Anregungen geben, das eigene Wissen zu prüfen und ständig auf dem Laufenden zu halten. Dazu gehört auch unbedingt das Abonnement einer Fachzeitschrift; eine tiefergehende Beschäftigung mit den Grundlagen der Korrespondenz ist unerläßlich.

Für die Chefentlastung bieten sich auf dem Korrespondenzsektor viele Möglichkeiten. Chefentlastung ist nicht nur beim Geschäftsbrief, sondern auch bei der Protokollführung und Zeugnisformulierung möglich. Dabei erwartet der Chef, wenn er der Sekretärin wichtige Korrespondenz überläßt, tadelloses Korrespondenzwissen. Es gibt auch Sekretärinnen, die im Sinne des Chefs Briefe formulieren, die er dann unterschreibt. Dazu gehört besonderes Fingerspitzengefühl für die Wünsche und Vorstellungen des Chefs, das erst nach langjähriger Zusammenarbeit erreicht wird. Üblich sind folgende Absprachen für die Zusammenarbeit:

- Der Chef diktiert — die Sekretärin schreibt und ist für die Gestaltung zuständig.
- Der Chef diktiert — die Sekretärin schreibt, gestaltet die äußere Form und darf Kleinigkeiten ändern und verbessern.
- Die Sekretärin formuliert kurze Schreiben und weniger wichtige Korrespondenz selbst.
- Der Chef sagt Stichworte — die Sekretärin formuliert und gestaltet.
- Der Chef sagt Stichworte — die Sekretärin wählt die Form (Brief, Fernschreiben, Pendelbrief) und formuliert.
- Die Sekretärin entwirft und formuliert, auch besondere Texte (Gratulationen, Einladungen usw.).

In Fällen der absoluten Chefentlastung bei der Korrespondenz wird die Sekretärin Durchschläge zur Information des Chefs machen (oder Kopien).

Seitdem Textautomaten und PCs in viele Sekretariate eingezogen sind, hat sich die Zusammenarbeit zwischen Chef und Sekretärin bei der Korrespondenzabwicklung gefestigt. Die Frustration der Fehlerkorrektur und wiederholten Schreibens ist entfallen; die Konzentration richtet sich auf den Inhalt und die Form. Dadurch wachsen die Anforderungen. Es gibt Nachschlagewerke und Informationen, die für die Sekretärin wichtig sind, wenn sie verantwortungsvoll und selbstbewußt korrespondiert. Dafür steht ein Handbuch zur Verfügung, das die wichtigsten Regeln, Informationen und Quellen zur selbständigen Korrespondenz im Sekretariat enthält: *Korrespondenz im Sekretariat* (1987, Langen-Müller/Herbig Wirtschaftsverlag, München).

Darin geht es um aktuelle Informationen, die den neuesten Stand berücksichtigen.

Eine Empfehlung an alle Sekretärinnen, die glauben, auf dem Gebiet der Korrespondenz noch mehr leisten zu können, den Chef noch mehr entlasten zu können: Beweisen Sie dem Chef Ihr Können, machen Sie konkrete Vorschläge.

Über technische Neuerungen und Möglichkeiten sowie über Textsysteme sollte die Sekretärin informiert sein.

Der Duden wird in Abständen immer wieder neu aufgelegt, weil der Sprachgebrauch die Regeln verändert. Jeder Korrespondent — ob Anfänger oder Profi — muß sich laufend über Änderungen informieren, um gute, moderne Texte zu schreiben. Der erfolgreiche Geschäftsbrief ist

- gut formuliert: kurz, höflich und präzise,
- ansprechend und vorschriftsmäßig geschrieben: Briefbild nach der neuesten Norm.

Für Sekretärinnen gibt es verschiedene Möglichkeiten, ihren Briefstil zu prüfen und zu verbessern. Auf jeden Fall lohnt sich der Besuch eines Seminars, in dem die neuesten Erkenntnisse trainiert und diskutiert werden. W. E. Süskind sagt zur Korrespondenz: *Es gilt, das Lebendige zu treffen, nicht das Korrekte. Dazu taugt nicht die Regel, sondern das Gefühl.* Damit will er ausdrücken, daß die Grammatik zwar Grundlage aller Texte ist, das Gefühl für die Sprache, für den Stil aber von jedem selbst entwickelt werden muß. Freude am Texten ist schon der erste Schritt zum erfolgreichen Brief.

Im Betrieb kann eine selbständig formulierende Sekretärin den Chef besonders entlasten, wenn sie alle Spielarten der verschiedenen Mitteilungsformen kennt und beherrscht und auch Kostengesichtspunkte und Kostenvergleiche (schreiben oder telefonieren?) heranzieht.

Schreiben Sie moderne Briefe?*
22 Fragen zur Selbsteinschätzung

Diese Fragen sollen Sie dazu anregen, über Ihre Formulierungs- und Schreibgewohnheiten nachzudenken. Oft lassen sich Antworten nicht verallgemeinern. Sie sind individuell zu geben. So entsprechen meine Antwortvorschläge (S. 151 f.) in einigen Punkten meiner subjektiven Ansicht — Sie können durchaus anderer Meinung sein, wenn Sie handfeste Argumente haben. Einige Fragen sind bewußt nicht eindeutig formuliert, die Antwort heißt nicht nur *Ja* oder *Nein*.

1. Wie viele Wörter sollte ein durchschnittlicher Satz im Brief haben?
2. Nach wie vielen Zeilen sollte ein Absatz gemacht werden?
3. Bevorzugen Sie den Wir- oder Sie-Stil?
4. Wo steht die wichtigste Information des Satzes: am Anfang, in der Mitte oder am Schluß?
5. Was ist besser: Sätze mit Hauptwörtern oder mit Verben zu bilden?

---

* Wörtlich aus Ursula Drechsler, »Korrespondenz im Sekretariat«, Langen-Müller/Herbig Wirtschaftsverlag, 1987, München

6. Sind kurze Texte unhöflich?

7. Sind Sie für oder gegen Fremdwörter?

8. Welche Briefe lesen sich besser, engzeilig oder anderthalbzeilig geschriebene?

9. Sollte der Betreff knapp oder ausführlich sein?

10. Was halten Sie von Wiederholungen im Text?

11. Woran erkennen Sie den Kanzleistil?

12. Halten Sie sich bei Anrede und Gruß an das Übliche oder bevorzugen Sie eine individuelle Note?

13. Wie groß ist der Wortschatz eines Durchschnittsdeutschen?

14. Verfassen Sie Ihre Briefe in der Umgangssprache?

15. Müssen Fachausdrücke erklärt werden?

16. Bevorzugen Sie die aktive oder passive Ausdrucksform?

17. Sind Höflichkeitsfloskeln überflüssig?

18. Genügen Punkt und Komma als Zeichen für einen guten Brief?

19. Welche Rolle spielt das Denken beim Formulieren eines Textes?

20. Gibt es psychologische Gesichtspunkte beim Formulieren?

21. Kennen Sie rationelle Alternativen zum Brief?

22. Drücken Sie sich negativ oder positiv aus?

Checkliste
22 mögliche Antworten zum Fragebogen

1. Ein Satz sollte durchschnittlich nicht mehr als 10—15 Wörter haben. Fernschreibtexte unter 10.

2. Je mehr Absätze ein Text hat, desto leichter läßt sich der Inhalt aufnehmen. Spätestens nach 5 Zeilen sollte ein neuer Absatz beginnen.

3. Der Sie-Stil zeigt dem Empfänger, daß man sich in seine Situation versetzt hat. Natürlich ist auch der Wir-Stil in bestimmten Fällen nötig.

4. Die wichtigste Information sollte nicht im Nebensatz versteckt sein. Sie gehört an den Anfang.

5. Wenn Hauptwort oder Verb zur Wahl stehen, ist das Verb zu bevorzugen.

6. Auch kurze Texte können höflich sein.

7. Fremdwörter können geschrieben werden, wenn kein besseres deutsches Wort zur Verfügung steht.

8. Grundsätzlich wird zum besseren Lesen engzeilig geschrieben. Ausnahmen hängen vom Inhalt und der Schrifttype ab.

9. Der Betreff soll dem Empfänger Wesentliches auf einen Blick vermitteln. Oft genügt ein Stichwort nicht. Der Betreff kann mehrzeilig sein oder in Teilbetreffs aufgeteilt werden.

10. Wiederholungen im Text sind nur mit stilistischer Absicht erlaubt. Wiederholt wird nicht, was der Empfänger schon weiß, was an anderer Stelle des Briefes schon steht. Auch Wortwiederholungen können vermieden werden.

11. Der Kanzleistil macht sich durch Schachtelsätze, altmodische Formulierungen und Wortwahl bemerkbar.

12. Übliche Anrede und Gruß sind immer richtig. Eine individuelle Note setzt einen individuellen Anlaß oder eine individuelle Abteilung voraus.

13. Angeblich hat ein Durchschnittsdeutscher einen aktiven Wortschatz von 2000 bis 4000 Wörtern.

14. Wenn die Umgangssprache ein Dialekt ist, schreiben wir Hochdeutsch. Ist die Umgangssprache Hochdeutsch, schreiben wir in der Umgangssprache.

15. Fachausdrücke unter Fachleuten bedürfen keiner Erklärung — sonst schon.

16. Die aktive Ausdrucksform wird bevorzugt, wenn die *Sache* nicht wichtiger ist als die *Person*, um die es geht.

17. Höflichkeitsfloskeln sind überholt, höflicher Ausdruck nicht.

18. Punkt und Komma genügen zum Verständnis. Für einen gewandten Ausdruck braucht man alle Satzzeichen.

19. Beim Formulieren muß an so viele Punkte gleichzeitig gedacht werden, daß der eine oder andere Gesichtspunkt leicht vergessen wird.

20. Psychologisches Know-how und Einfühlungsvermögen gilt auch für das Formulieren — es beginnt bei der Wortwahl, dem richtigen Namen, der korrekten Anrede.

21. Rationelle Alternativen zum Brief sind andere Kommunikationsmittel (Fernschreiben, Telefon, Telefax …). Auch Pendelbrief, Kurznachrichten kommen in Frage. Für die Wahl gilt: Die Kommunikationsform muß angemessen sein.

22. Positiver Ausdruck ist zu bevorzugen, wenn es möglich ist. Auch Negatives läßt sich *verkleiden*.

Muster für einen Pendelbrief

PENDELBRIEF
das Original für Sie —
der Durchschlag für uns

Rationalisierungs-
Kuratorium
der Deutschen
Wirtschaft e. V.

RKW

Landesgruppe
Bayern

RKW · Postfach 20 20 08 · 8000 München 2

Augustenstraße 84
Postfach 20 20 08
8000 München 2

Telefon (0 89) 5 23 01 -0

Unsere Zeichen

Datum

Ihre Zeichen

Datum

Unsere Mitteilung

Ihre Antwort

Zur Rücksendung ist unsere Anschrift auf der Rückseite des
Durchschlages eingedruckt.

Hypobank München (BLZ 700 200 37) Konto-Nr. 6 410 275 005
Postscheckamt München (BLZ 700 100 80) Konto-Nr. 1037 65-804

Muster für eine Pendel-Fernkopie

Anfrage von

RKW Bayern
Augustenstraße 84 / PF 202008
8000 München 2
Telefax (089) 5 23 01 69

Bearbeiter:

Datum:

Betrifft:

Herzlichen Dank und freundliche Grüße

Anlagen: _____ Seiten

Antwort von

Anlagen: _____ Seiten

15 Bausteine für die erfolgreiche Geschäftskorrespondenz mit Beispielen

Die gute Absicht, kurz und präzise zu formulieren, kann auch zum *Hackstil* führen, der holprig und unbeholfen wirkt. Deshalb können Stilfragen nicht mit wenigen Sätzen abgehandelt werden. Das wirkliche Erarbeiten des *persönlichen Stils* mit Handbüchern (wie z.B. dem Duden Stilwörterbuch oder dem Duden Taschenbuch *Wie schreibt man gutes Deutsch*) ist Voraussetzung für jede Firmenkorrespondenz.

Ich nenne Ihnen hier nur die wichtigsten Empfehlungen für die erfolgreiche Geschäftskorrespondenz.

Baustein ❶

Empfehlung: Bilden Sie kurze Sätze.

Kurze Sätze haben durchschnittlich 10—15 Wörter.

Beispiel für einen langen Satz:

Hinsichtlich der Papierlagerungen vor dem Rückgebäude im Freien darf bemerkt werden, daß zwar die Bestimmungen des § 15 der Landesverordnung über die Verhütung von Bränden hinsichtlich der Lagerung brennbarer fester Stoffe im Freien gewisse Einschränkungen enthalten, diese Bestimmungen hier jedoch

Besser so:

Das Papier wird nur kurzfristig — während der Verarbeitung — gelagert. § 15 der Landesverordnung über die Verhütung von Bränden kann deshalb nicht angewendet werden.

1. Satz = 9 Worte
2. Satz = 14 Worte
2 Sätze = 23 Worte

nicht angewendet werden können, weil das Papier offensichtlich nur kurzfristig zum Zwecke der Be- und Verarbeitung aufbewahrt wird und deshalb eine Lagerung i. S. der Verordnung nicht stattfindet.

1 Satz = 68 Worte

Baustein ❷

Empfehlung: Gliedern Sie Ihre Texte in möglichst viele Absätze, die nicht länger sind als 5 Zeilen.

Absätze führen zu übersichtlichen Texten, die verständlicher und für den Empfänger schneller zu erfassen sind.

Baustein ❸

Empfehlung: Setzen Sie die Hauptsache an den Anfang des Satzes.

Verstecken Sie die — für den Empfänger — wichtige Information nicht im Nebensatz.

Beispiel:	**Besser so:**
Wir erlauben uns, Ihnen mitzuteilen, daß wir Ihren Antrag genehmigt haben.	Ihren Antrag haben wir genehmigt.

Baustein ❹

Empfehlung: Schreiben Sie im Sie-Stil.

Der Empfänger wird direkt angesprochen, der Text wirkt persönlicher.

Beispiel:	**Besser so:**
Wir geben Ihnen 30% Rabatt.	Sie erhalten 30% Rabatt.

Baustein ❺

Empfehlung: Verwenden Sie kurze, einfache Wörter.

Schreiben Sie *silbenbewußt*. Kurze Wörter sind auch moderner.

Beispiele:	**Besser so:**
aufzeigen	zeigen
vereinnahmen	einnehmen
alsbald	bald
lediglich	nur
dermaßen	so

Baustein ❻

Empfehlung: Wählen Sie den verbalen Stil.

Verben sind aktiver als Hauptwörter. Hauptwortgruppen verlängern den Satz. Beachten Sie aber auch die Ausnahmen.

Beispiele:

Bitte machen Sie uns Mitteilung, wann Sie wieder Papier brauchen.

Bei Zahlung innerhalb zwei Wochen können Sie 2% Skonto in Abzug bringen.

Besser so:

Bitte teilen Sie uns mit, wann Sie wieder Papier brauchen.

Wenn Sie innerhalb zwei Wochen zahlen, können Sie 2% Skonto abziehen.

Ausnahme:

Wir haben in Erfahrung gebracht = setzt Bemühen voraus.
Wir haben erfahren = kann eine zufällige Information sein.

Baustein ❼

Empfehlung: Vermeiden Sie Doppelausdrücke.

Es genügt der einfache Ausdruck, wenn durch den doppelten Ausdruck nicht eine besondere Wirkung erreicht werden soll.

Beispiele:

Wir können Ihnen lediglich nur ein Muster unseres Fabrikats schicken.

Die Rechnungsbeträge müssen Sie bitte zusammenaddieren.

Besser so:

Wir können Ihnen nur ein Muster unseres Fabrikats schicken.

Die Rechnungsbeträge bitte addieren.

Ausnahme:

Dazu gebe ich nie und nimmer meine Einwilligung = der Doppelausdruck hat stilistische Funktion.

Baustein ❽

Empfehlung: Kanzleiausdrücke gehören nicht in den modernen Geschäftsbrief.

Die Kanzleiausdrücke (halbfett geschrieben) lassen sich umgehen:

Zum Zwecke näherer Prüfung benötigen wir noch weitere Unterlagen.

Unter Bezugnahme auf Ihren Brief geben wir Ihnen folgendes bekannt:

Aufgrund **obiger** Darstellung haben wir uns entschlossen, die Angelegenheit fallen zu lassen.

Seitens der Hausverwaltung wird es keine Einwände geben.

Baustein ❾

Empfehlung: Superlative richtig anwenden.

Der Superlativ soll wirklich eine Steigerung ausdrücken und darf nicht zur Floskel werden. Es gibt auch *falsche* Superlative.

Richtig: Sie werden schnellstens beliefert.

Falsch: Das geht in keinster Weise.

Überflüssig: Das ist ausdrücklichst verboten.

Baustein ⑩

Empfehlung: Floskeln und Phrasen aus dem Wortschatz streichen.

Beispiele:

Wir hoffen, Ihnen hiermit gedient zu haben.
Zu unserem Bedauern mußten wir feststellen.
Wir sehen Ihrer geschätzten Antwort entgegen.

Baustein ⑪

Empfehlung: Abkürzungen nur verwenden, wenn sie allgemein bekannt sind und unbedingt nötig.

Eine abgekürzte Höflichkeit ist unhöflich. Schreiben Sie nie *frdl.* für freundlich oder *Frl.* für Fräulein. Erlaubt sind immer *bzw., usw.* und ähnliche Wörter.

Baustein ⑫

Empfehlung: Ziehen Sie die aktive Form der passiven vor.

In Stilhandbüchern heißt es: Bei der passiven Ausdrucksweise ist der *»Täter unbekannt«*.

Beispiel:	**Besser so:**
Sie werden gebeten, die Türen zu schließen.	Bitte schließen Sie die Türen.

Baustein ⑬

Empfehlung: Beachten Sie die Schreibregeln
DIN 5008.

Das Briefbild ist genauso wichtig wie der gute Briefstil
(siehe Kapitel 6 »DIN-Normen fürs Büro«, Seite 000).

Baustein ⑭

Empfehlung: Nutzen Sie alle Satzzeichen richtig.

Es gibt Satzzeichen, die viel zu wenig eingesetzt werden.
Formulieren Sie Fragen so, daß der Satz mit einem Fragezeichen schließt. Der Doppelpunkt für Aufzählungen
wird viel zu selten gebraucht.

Baustein ⑮

Empfehlung: Vermeiden Sie unbekannte Fremdwörter.

Wählen Sie Fremdwörter nur, wenn

a) es keine gleichwertigen deutschen Wörter gibt,
b) sie allgemein bekannt sind.

Bei einer Besprechung in einer Firma entdeckte ich am
Notizbrett des Chefs eine Checkkarte, die ich für Sekretärinnen zusammengestellt habe. Seine Sekretärin hatte sie
ihm aus einem Seminar mitgebracht. Darauf angesprochen fand er sie recht nützlich, um immer wieder daran er-

innert zu werden, worauf beim Diktat zu achten ist. Die Checkkarte enthält Punkte, die in der Geschäftskorrespondenz häufig übersehen und nicht beachtet werden. Vielleicht können Sie sie für eigene Zwecke ergänzen.

Korrespondenz-Checkliste
Prüfen Sie Ihre Texte

- Versetzen Sie sich in die Person und Situation des Empfängers.
- Bilden Sie kurze Sätze, keine Schachtelsätze.
- Stellen Sie die Hauptsache, das Wichtige, an den Anfang des Satzes.
- Schreiben Sie im Sie-Stil.
- Schreiben Sie persönlicher.
- Schreiben Sie höflich.
- Verwenden Sie alle Satzzeichen (als Stilmittel und zur Gliederung).
- Verwenden Sie einfache, kurze Wörter.
- Verben sind lebendiger als Hauptwörter — vermeiden Sie besonders Hauptwörter auf -ung.
- Wählen Sie die richtigen, treffenden Worte.
- Streichen Sie Floskeln, Überflüssiges, Doppelausdrücke.
- Vermeiden Sie Kanzleiausdrücke.
- Vermeiden Sie Wiederholungen.
- Vermeiden Sie Übertreibungen.
- Vermeiden Sie häufige Superlative.
- Vermeiden Sie (unbekannte) Fremdwörter.
- Vermeiden Sie alle Phrasen.
- Vermeiden Sie (unnötige) Abkürzungen.
- Verwenden Sie »Aktiv« statt »Passiv«.
- Beachten Sie die Schreibregeln, DIN 5008 und Normen.
- Nutzen Sie alle Satzzeichen richtig.
- Gliedern Sie Texte gut und verständlich durch möglichst viele Absätze.

Textverarbeitung aus verschiedener Perspektive

Mit Sicherheit begeistert eine gut organisierte Textverarbeitung Chefs und Sekretärinnen — wenn auch aus verschiedenen Gründen. Der Chef denkt mehr an die Rationalisierung, moderne Ausstattung seiner Firma für die Zukunft, das Image und Verbesserung der Korrespondenz.

Die Sekretärin fühlt sich aufgewertet, sie kann mehr, wenn sie mit neuen Technologien zu tun hat. Sie ist nicht mehr frustriert durch wiederholte Schreibarbeit.

Trotzdem kann es bis zu dieser gut funktionierenden Zusammenarbeit ein dorniger Weg sein. Chefs sind unsicher bei der Auswahl der für sie richtigen Technik. Nicht jeder hat einen Organisator im Hause, der sich auskennt.

In Seminaren werden immer wieder Probleme und Pannen geschildert, von denen wir einige kurz aufzählen wollen. Bei ausreichender Information und Systemauswahl können sie alle vermieden werden. Vielleicht helfen die angesprochenen Punkte Einsteigern, Probleme schon vorher zu sehen und deshalb auszuschließen.

Aussagen aus Sekretärinnen-Seminaren

- Die Schulung kommt oft erst, wenn die Geräte schon lange dastehen.
- Die Schulung ist nicht lange genug, sie läuft im Alltagsstreß.
- Gebrauchsanweisungen sind nicht klar, schwer verständlich, falsch, fachchinesische und englische Begriffe sind ungenügend oder gar nicht erklärt.
- Pannenhilfen sind nicht greifbar (das Gerät wird dann einfach abgeschaltet).
- Bei Schreibsystemen ohne Disketten reicht der Speicherplatz dann doch nicht aus.

- Es gibt Probleme bei der Organisation der (Disketten-) Ablage.
- Nicht gesicherte Texte verschwinden aus dem Arbeitsspeicher.
- Führungskräfte diktieren nur noch »ins Unreine«, es muß grundsätzlich alles mehrmals geschrieben werden.
- Technik wird angeschafft, für zweckmäßige Büromöbel reicht das Geld nicht (es wird über Muskel-, Kopf-, Kreuzschmerzen geklagt).
- Das Gerät steht ungünstig: Lichteinfall, Spiegelungen, Blendungen.
- Bei stundenlanger Schreibarbeit tränen Brillen- und Linsenträgerinnen die Augen.
- Der Verkäufer ist telefonisch nicht erreichbar, wenn Fragen auftreten.
- Texte werden nicht überarbeitet, in schlechtem Stil gespeichert, weil die Zeit drängt.
- Disketten gehen kaputt durch Rauchen, Staub, Hitze, Anfassen, Ablage in Kundenordnern, durch Scheren oder Lautsprecher in der Nähe.
- Die gespeicherten Bausteine sind zu kurz, es werden keine Briefe gespeichert.
- Das Texthandbuch wird aus Zeitmangel nicht aktualisiert.
- Es werden sinnlose Einleitungsfloskeln gespeichert, die eigentlich in den Betreff-Bezug gehören.
- Es wird keine Vertretung für die Sekretärin eingearbeitet.

Alle diese Beispiele können, müssen aber nicht passieren. Was ist zu tun? Eine gute Vorbereitung und Organisation kann vieles verhindern. Trotzdem sind Anfangsschwierigkeiten als normal anzusehen.

Eine gute Einführung für Einsteigerinnen am Computer bietet das Buch »Textverarbeitung leicht gemacht« von Dietmar Eirich, Heyne Kompaktwissen.

Empfehlungen für die Einführung der Textverarbeitung

- Kriterien für die Anschaffung des Textsystems mit der Sekretärin zusammen festlegen: was soll geschrieben werden.
- Marktübersicht verschaffen.
- Gebrauchsanweisungen des Herstellers kritisch prüfen.
- Arbeitsplatz neu organisieren.
- Zeit für Schulung und Einarbeitung planen.
- Nur tadellos formulierte Texte als Textbausteine oder Briefe speichern.
- In der Einarbeitungsphase besonders auf Zusammenarbeit und Erfahrungsaustausch mit der Sekretärin achten.
- Vertretung der Sekretärin planen.

Englische Fernschreibabkürzungen mit deutscher Übersetzung

Im Fernschreibdialog mit englisch-schreibenden Geschäftspartnern können unbekannte Abkürzungen auch zu Mißverständnissen führen. Besonders aus Ländern, deren Muttersprache nicht englisch ist, kommen phantasievolle Begriffe. Im Directory von Western Unions Telex Network sind Standardabkürzungen auch im vollen englischen Wortlaut angegeben. Offen bleibt die Frage: Was heißt das auf Deutsch?

Damit alle neuen Mitarbeiter am Fernschreiber schnell mit englischen FS-Texten umgehen können, empfehle ich eine Checkliste, die außer der Abkürzung und dem vollen englischen Wortlaut die deutsche Übersetzung enthält. Sie sollte individuell mit branchentypischen Begriffen ergänzt werden.

Checkliste
Englische Fernschreibabkürzungen mit deutscher Übersetzung

abs (absent subscriber, office closed)	Teilnehmer abwesend, Büro geschlossen
abt (abont)	ungefähr
acc (according to)	beziehen auf
ac (account)	Konto (-auszug)
ads (address)	Adresse
aftn (afternoon)	nachmittag
abv (above)	oben
am (ante meridiem)	vormittag
ans (answer)	Antwort
arr (arrival)	Ankunft
as flw (as follows)	wie folgt
asap (as soon as possible)	so bald wie möglich
attn (attention)	zu Händen von
bk (I cut off)	ich trenne
cfm (confirm)	bestätigen
chgs (charges)	zu Lasten von, Kostenstelle
ck (check)	prüfen
clsd (closed)	geschlossen
cod (cash on delivery)	Zahlung bei Lieferung/ Nachnahme
col (collation)	ich wiederhole / bitte wiederholen Sie die Teile einer Nachricht, die eines Vergleichs bedürfen
crv (how do you receive)	wie empfangen Sie?
dep (departure)	Abfahrt
der (out of order)	Störung
der bk (out of order — I cut off)	Störung — ich trenne
dd (dated)	datiert
df (you are in communication with the called subscriber)	Sie sind mit dem verlangten Teilnehmer verbunden

dif (different)	verschieden
dld (delivered)	geliefert
dlr (deliver)	liefern
dly (delivery)	Lieferung
dol (dollar)	Dollar
dstn (destination)	Bestimmungsort
dup (duplicate)	Duplikat, Kopie
ea (each)	je, jedes Stück
eee (error)	Fehler
fin (finish)	Schluß, Ende
fm (from)	von
fwd (forward)	weiterleiten, übermitteln
ga (go ahead)	weiter, Sie können übermitteln
govt (government)	Regierung
hw (herewith)	hiermit
icw (in connection with, concerning)	in Verbindung mit, betreffend
intl (international)	international
ltr (letter)	Brief
mgr (manager)	Manager
mk (make)	machen
mom (one moment please)	einen Moment bitte (warten)
mns (minutes)	Minuten
msg (message)	Mitteilung
msgr (messenger)	Bote
n (and)	und
na (not admitted)	Korrespondenz nichtzugelassen (mit diesem Teilnehmer)
nc (no circuits)	keine Schaltung z. Zt., keine Leitung frei
nch (subscriber's number changed)	Teilnehmernummer geändert
ncn (called number has been cancelled)	gewählte Nummer erloschen
np (invalid d ial number)	Nummer ist nicht mehr Teilnehmer

▷

nr (no record)	geben Sie Ihre Telexnummer an, meine Nummer ist …
occ (occupied)	besetzt
ofc (office)	Büro
ognl (original)	Original
ok (agreed)	einverstanden
pa (per annum)	jährlich
pckg (packing)	Verpackung
pcs (pieces)	Stück
pls (please)	bitte
poss (possible)	möglich
r (received)	erhalten
r (are)	sind
rap (I will call you again)	ich wähle wieder
rcvd (received)	bekommen, erhalten
re (f) (reference)	Bezug
rpt (repeat)	bitte wiederholen oder ich wiederhole
rpt wa (repeat word after …)	wiederholen Wort nach …
rot (regarding our telex)	unser Telex betreffend
rpt wb (repeat word before …)	wiederholen Wort vor …
rpt aa (repeat all after …)	alles wiederholen nach …
rto (dialing too slowly)	Sie wählen zu langsam
ryt (regarding your telex)	Ihr Telex betreffend
sgd (signed)	unterschrieben
shpmt (shipment)	Lieferung
spl (special)	besonders
svc (service)	Dienst
svp (frz. s'il vous plait)	bitte
tax (what is the charge? the charge is …)	was kostet das oder das kostet …
tbl (trouble / terminal or facilities out of service)	Problem / Terminal oder Einrichtung außer Betrieb
test (please send test message)	bitte Prüftext senden

thru (you are in connection with)	Sie sind verbunden mit …
tks (thanks)	danke
tlx oder **tx** (telex)	Telex
tpr (teleprinter)	FS-Drucker
u (you)	Sie
ur (your)	Ihr
wd (word/s)	Wort/Wörter
wru (who are you)	wer sind Sie?
wtg (waiting)	ich warte
ym (your message)	Ihre Nachricht
ynr? (your number?)	welche Nummer haben Sie?
yr (your)	Ihr

Regeln für das Phonodiktat

Die DIN 5009 soll die Arbeit vereinfachen und einheitlich angewendet werden. Sie schreibt Begriffe vor, die angesagt werden müssen:

Ablaufkonstanten
Versendungsform, Behandlungsvermerke, Anschrift, Bezugszeichen, Betreff, Ende des Textes, Ende des Diktats

Anweisungen
Hinweise wie »stopp« und »Text«

Textkonstanten
Satzzeichen. Alle Satzzeichen werden angesagt, außer Komma (nur bei Dezimalstellen) und Bindestrich und Apostroph

Formkonstanten
Absatz, Einrückung, Ende der Einrückung, nächster Punkt

Textanweisungen
unterstreichen, sperren, Großbuchstaben, unbekannte
Begriffe

Formanweisungen
Aufstellung, Inhalt, Aufzählung, Gliederung

Besonderes
Tonträgerwechsel und besondere Begriffe können mit
»stopp«, »Text«, »Ende« angesagt werden.

Außerdem:

Die DIN 5009 schreibt Erleichterungen zur Verständigung vor, die als Wunschzettel der Sekretärin gelten können:

- hochdeutsche Aussprache; Dialektwörter und -wen-
  dungen werden vermieden
- natürliche Sprechweise
- deutliche Artikulation von Silben und Wörtern
- betonen und akzentuieren innerhalb der Satzmelodie
- natürliche Sprechpausen, kein ermüdender Sprechfluß
- Endsilben deutlich, nicht verschluckt
- normale Sprechgeschwindigkeit: nicht zu schnell und
  nicht zu langsam

Briefe gestalten
Regeln und Empfehlungen

Priorität beim Gestalten von Briefen hat immer die gefällige, äußere Form. So gilt es in Alternativen zu denken, je
nach Anlaß, Briefinhalt und Vordruckform und den Brief
als Ganzes zu sehen. Es gibt zwar Regeln:

- Briefe engzeilig zu schreiben, aber
  wenn es nur wenige Zeilen sind, ist $1\frac{1}{2}$zeilig schöner
  für die Aufteilung

- Briefe mit einem Betreff zu überschreiben, aber wenn es sich nur um einen persönlichen Brief, wie eine Gratulation handelt, entfällt der Betreff besser …

- den Anfang der Zeile bei Grad 10 zu beginnen. Aber es sollte besser Grad 12 sein, wenn der Briefkopf so gestaltet ist (damit eine einheitliche Fluchtlinie entsteht).

Auch in den Regeln für Maschinenschreiben (DIN 5008) sind freie Gestaltungsmöglichkeiten eingeräumt, die durch verschiedene Worte ausgedrückt werden.

Regel, es muß so gemacht werden, wenn es heißt:
- sollen … aufgeteilt werden
- sind … zu verwenden, zu schreiben, einzusetzen, zu trennen, zu vermerken
- ist … anzugeben, zu bewachen, zu schreiben
- wird … geschrieben
- erhalten … einen Punkt
- schließt … ein
- folgen … dem Wort
- stehen … hinter
- beginnt mit …
- muß stehen …

Freie Entscheidung möglich bei:
- muß nicht, müssen nicht
- kann, können

Empfehlung bei:
- sollte, sollten
- wird empfohlen

Am besten wird eine innerbetriebliche Empfehlung verfaßt, die Spielraum für Alternativen läßt. Darin sollte z.B. enthalten sein:

Das Datum

Numerisch schreibt man das Datum in der Reihenfolge: Tag, Monat, Jahr; Tag und Monat zweistellig.

03. 07. 1988 oder 03. 07. 88

Alphanumerisch kann das Datum abgekürzt oder ausgeschrieben werden: 2. Sept. 1988 oder 02. September 88

Die Textgliederung

1   Hauptgliederung
2   Hauptgliederung
2.1   Untergliederung
2.1.1   weitere Untergliederung
2.1.2   weitere Untergliederung
2.1.3 ... bis z. B.
2.1.10

Die Fluchtlinie

Die Fluchtlinie ergibt sich durch das erste Leitwort der Bezugszeichenzeile und beginnt bei Grad 10 (12 oder 11, je nach Schrift).

Einrückungen beginnen bei Grad 20. Für Zeilenanfang und Zeilenende ist die Tabelle der Gradangaben DIN 5008 maßgebend.

Der Zeilenabstand

Grundsätzlich wird einzeilig geschrieben. Ausnahmen gelten für besondere Schreiben und außergewöhnliche Schriftzeichen.

Leerzeilen

Leerzeilen stehen
- nach dem Betreff (2)
- nach der Anrede (1)
- nach jedem Absatz (1)
- zwischen Firmenbezeichnung und Gruß (1)
- vor maschinenschriftlicher Wiederholung der Unterschrift (je nach Notwendigkeit)

- vor den Anlagen (3 oder 1)
- vor der Seitennumerierung (1)

Die Anschriften

Das Anschriftenfeld besteht aus 9 Zeilen. Je eine Leerzeile steht nach der Sendungsart, dem Postfach oder der Straße.

Amts- und Berufsbezeichnungen gehören in dieselbe Zeile wie »Herrn«, »Frau« oder »Fräulein« (ausgeschrieben!).

Akademische Grade und Diplome stehen in derselben Zeile mit dem Namen: Dr., Dipl.-Hdl., Dipl.-Ing. Beispiel:

1   Drucksache
2
3   Hans & Heinz AG
4   Herrn Dipl.-Ing. E. Schmitz
5   Im Tal 3
6
7   8000 München 2
8
9

Firmenanschriften

Ohne das Wort »Firma« werden Firmenanschriften geschrieben, wenn aus der Empfängerbezeichnung hervorgeht, daß es sich um eine Firma handelt, z.B. erkennbar an »GmbH«, »AG« oder einer Ergänzung wie »Baustoffhandlung«.

Bezugszeichen

Die Bezugszeichen stehen jeweils eine Zeile unter dem Leitwort, möglicherweise auch in zwei Zeilen.

Der Betreff

Das Leitwort »Betreff« ist nicht nötig. Der Betreff beginnt an der Fluchtlinie, kann auch über mehrere Zeilen geschrieben werden.

Behandlungsvermerke

Frei — neben dem Betreff — können Behandlungsvermerke stehen, eventuell gesperrt geschrieben. Dann sollte der Betreff kurzzeilig geschrieben sein. Auch neben dem Anschriftenfeld — Grad 50 (60 oder 57) kann ein Behandlungsvermerk stehen.

Anlagen und Verteilvermerke

Hier gibt es zwei Möglichkeiten

a) die Anlagen und Verteilvermerke stehen an der Fluchtlinie Grad 10. Mindestabstand zur letzten Zeile sind 3 Leerschritte. Sie können aber auch

b) bei Grad 50 — dann 1 Leerzeile — (60 oder 57) geschrieben werden.

Es wird empfohlen, die Anlagen einzeln zu nennen.

Seitennumerierung

Seiten werden bei Briefbögen ohne Aufdruck bei Grad 40 (48 oder 45) oben numeriert. Auf der ersten Seite wird die Nummer nicht geschrieben, dafür ein Hinweis auf Folgeseiten: am Schluß der beschriebenen Seite, nach einer Leerzeile, drei Punkte auf Grad 60 oder an der Fluchtlinie Grad 10.

Textformulierung und Chefentlastung
Überblick zur Selbsteinschätzung
(nach der gesetzlichen Verordnung »Geprüfte Sekretärin«)

Die Sekretärin

- formuliert selbständig und sachlich richtig
- formuliert einwandfrei nach Stichworten
- beherrscht die Rechtschreibung
- setzt Satzeichen richtig
- spart durch Stilmittel unnötige Schreibarbeit

- gestaltet Texte unter sachlichen und psychologischen Aspekten
- unterstützt durch optische Einteilung die Gliederung
- stellt sich auf den Empfänger ein
- drückt sich positiv aus
- kann zu besonderen Anlässen formulieren, z. B. Glückwunsch- und Kondolenzschreiben
- weiß, wie Zeugnisse aufgesetzt werden.

Kapitel 7
Das rationelle Protokoll

Empfehlungen für ein rationelles Protokoll
Protokollorganisation mit Checklisten

Protokollformen und ihre Unterschiede
Welchen Vorgang wollen Sie im Protokoll festhalten?

Techniken des Protokollierens: Wie gehen Sie vor?

Checkliste: »Arbeitsschritte bei der Protokollführung«
Vor, während und nach der Sitzung

Der Protokollrahmen: Wie bauen Sie ein Protokoll auf?

Checkliste: »Protokollaufbau in drei Teilen«

Checkliste: »Protokollstil und Inhalt«

Checkliste: »Was nicht im Protokoll stehen muß«

Checkliste: »Wortschatz für das Protokoll«

Checkliste: »Schreibempfehlungen für das Protokoll«

Anforderungen an den Protokollführer

Checkliste: »Fachliche Anforderungen«

Checkliste: »Persönliche Anforderungen«

Literaturliste zur Protokollführung

Protokollführung und Chefentlastung
Überblick zur Selbsteinschätzung
(nach der gesetzlichen Verordnung »Geprüfte Sekretärin«)

Empfehlungen für ein rationelles Protokoll
Protokollorganisation mit Checklisten

Es wird viel darüber geredet, wie Protokolle zu formulieren sind — dabei ist es für Sekretärinnen auch sehr wichtig, ihre Protokollarbeit richtig vorzubereiten und abzuwickeln.

In diesem Kapitel sind 8 Checklisten, die Protokollführerinnen zu einer sinnvollen Organisation anregen.

Je nachdem, welche Protokollart gewählt wird, sind die Checklisten und Empfehlungen auf den eigenen Bereich abzuwandeln und einzusetzen.

Besonders geeignet ist die Arbeitshilfe für Anfänger — sie werden sicher durch die perfekte Vorbereitung und können sich ganz auf die Sitzung und den Protokollinhalt konzentrieren.

- Wie werden Protokolle richtig aufgebaut?
- Wie werden Protokolle verständlich formuliert?
- Wie werden Protokolle sinnvoll gestaltet?

Das sind drei Schwerpunkte für ein tadelloses Protokoll. Die Technik der Protokollführung wird widersprüchlich dargestellt und verschieden gelehrt. Es werden Regeln aufgestellt, die — vergleicht man sie miteinander — Protokollführer verwirren können. Dabei liegt die Ursache auch an den unterschiedlichen Anlässen zur Protokollführung in der Wirtschaft, in der Verwaltung, bei Gericht oder im Bundestag.

Technische Neuerungen können zur Veränderung führen bei der Herstellung und Gestaltung. Wir texten und schreiben nicht mehr wie vor Jahrzehnten. Deshalb muß auch das Formulieren zeitgemäß sein. Die gesetzliche Verordnung zur »Geprüften Sekretärin« setzt Maßstäbe, die zu berücksichtigen sind.

Die Entscheidung für ein *rationelles Protokoll* machte ein gründliches Studium aller Möglichkeiten, den Erfahrungsaustausch mit Chefsekretärinnen und Kontakte zu Fachleuten (z. B. dem Stenographendienst des Deutschen Bundestages und des Bayerischen Landtages) erforderlich.

Rationalisierung hat in diesem Kapitel Priorität: Protokollführer, Sekretärinnen und Sitzungsleiter sollen angeregt werden, ihre Protokolltechnik zu überprüfen, Prioritäten zu setzen und hausintern Anweisungen festzulegen.

Das rationelle Protokoll

- ist der Situation angemessen
- führt zum schnellen Verständnis der Fakten
- ist nach neuen Erkenntnissen formuliert, aufgebaut und hergestellt.

Für das Formulieren und Üben des Protokollstils gibt es gute Fachbücher, die in der Literaturübersicht genannt werden.

Protokollformen und ihre Unterschiede
Welchen Vorgang wollen Sie im Protokoll festhalten?

Bevor protokolliert wird, muß klar sein, um welche Protokollart es sich handelt. Nur dann kann der Protokollführer den Text richtig aufnehmen, formulieren und schon bei der Aufnahme richtig vorbereiten.

Das Protokoll hat viele Namen: Sitzungsprotokoll, Verlaufsprotokoll, Vernehmungsprotokoll und Gedächtnisprotokoll sind nur einige Bezeichnungen. Auch die Aktennotiz, die Telefonnotiz oder der Bericht sind sinngemäß Protokolle. Der Duden definiert Protokoll so:

a) förmliche Niederschrift, Tagungsbericht; Beurkundung einer Aussage, Verhandlung o. ä.
b) schriftliche Zusammenfassung einer Sitzung.

Ein Protokoll hat also Urkundencharakter. In der Praxis gibt es in Wirtschaft und Verwaltung vier Protokollarten (auch Mischformen), die auch durch die Rechtsverordnung zur »Geprüften Sekretärin« festgehalten sind. Sie unterscheiden sich in der Art der Aufnahme.

Deshalb muß vorher klar sein:

- Was und wieviel wollen Sie festhalten?
- Welche Protokollform wird dafür eingesetzt?

Definition der vier Protokollarten*

1. *Das wörtliche Protokoll:*
   Alles Gesagte wird notiert.

2. *Das ausführliche Protokoll (Verlaufsprotokoll):*
   = personen- und sachbezogen
   Der Sitzungsverlauf, wesentliche Diskussionsbeiträge, Argumente, Namen der Redner, Ergebnisse und Beschlüsse und wie es dazu kam werden notiert.

3. *Das Kurzprotokoll:*
   = sachbezogen
   Enthält nur Ergebnisse, Beschlüsse und Diskussionsgedanken, ohne wörtliche Reden und ohne Namen der Redner.

4. *Das Ergebnis- und Beschlußprotokoll:*
   Besteht nur noch aus Ergebnissen und Beschlüssen.

Erst wenn Sie wissen, ob das Protokoll personen- oder sachbezogen oder nur sachbezogen sein soll, können Sie mit der Protokollführung beginnen.

Auch Mischformen sind möglich, die sich erst aus dem Verlauf ergeben.

---

* Die 1. Protokollart wird fast nur im Bundestag, den Landtagen oder in Gerichtsverhandlungen geschrieben. Bundestagsstenographen unterscheiden zwischen stenographischer Niederschrift (wörtlich) oder stenographischem Protokoll (kann $\frac{1}{10}$ kürzer sein als die wörtliche Niederschrift).

Techniken des Protokollierens: Wie gehen Sie vor?

Protokollführung kann nur rationell sein, wenn überflüssige Doppelarbeiten, Fehler, Pannen und Zeitverluste vermieden werden und Checklisten die Arbeit erleichtern.

Vorher richtig planen und den Protokollablauf in Gedanken durchspielen ist eine große Hilfe — auch bei Unvorhergesehenem.

Protokollführung besteht aus drei Phasen:

1. Phase = vor der Sitzung: vorbereiten

2. Phase = während der Sitzung: aufnehmen

3. Phase = nach der Sitzung: ausarbeiten, formulieren, auswerten

Hier kann schon eine Checkliste für die Arbeitsschritte nützlich sein, damit der Protokollführer selbst an alles Wichtige denkt und eine Vertretung sich problemlos in die Aufgabe einarbeiten kann. Die Checkpunkte richten sich nach den verschiedenen Anlässen zur Protokollführung.

Wir machen einige Vorschläge, die Sie ändern oder ergänzen können.

Checkliste   Arbeitsschritte bei der Protokollführung

1. **Vorbereitung**

- Liste mit Namen der Teilnehmer erstellen, eventuell Kurzzeichen vorher festlegen
- Namensschilder vorbereiten
- Namen und Funktionen der Teilnehmer einprägen
- Kenntnis der Tagesordnung, der Verhandlungsthemen

▷

- Unterlagen für die Themen
- Frühere Protokolle lesen, mitnehmen
- Liste von typischen Kürzeln für Protokollausdrücke zusammenstellen und auswendig lernen
- Fachkürzungen in Steno vorbereiten
- Symbolzeichen erfinden wie + oder −
- Hilfsmittel zurechtlegen:
  Stenoblock liniert, Block A4 (oder A5) numeriert oder numerierte Einzelblätter, Bleistifte, Anspitzer, Kugelschreiber, Markierstifte, Büroklammern, Haftzettel
- Kassettenrecorder und
  Vordruck für Zahlen des Bandzählwerks
- Wer bedient den Recorder?
  (Der Protokollführer sollte keine weiteren Funktionen haben)
- Terminkalender
- Sitzplan mit Namen der Teilnehmer
  Plätze eventuell numerieren und Namen später nachtragen

2. **Während der Sitzung**

- Sitzordnung:
  Protokollführer kann alle Teilnehmer gut sehen, sitzt möglichst in der Nähe des Sitzungsleiters oder einer Kontaktperson
- Anwesende von der Teilnehmerliste abhaken, Begründung bei Fehlenden notieren
- Stenopapier (A4) nur halbseitig links beschreiben, einseitig oder drei Spalten vorsehen:
  Erste Spalte für Redner, Mittelspalte für Protokollstenogramm, rechte Spalte für Bemerkungen, Einfügungen, Korrekturen
- aktiv zuhören und mitdenken
- neue Zeile für jeden Redner
- Gedanken der Redner eventuell numerieren
- schon bei der Aufnahme kürzen, gliedern, Wichtiges hervorheben, kennzeichnen, unterstreichen
- nicht alles wörtlich mitschreiben — mehr zuhören
- Unwichtiges sofort streichen oder einklammern
- Namen der Redner als Kurzzeichen vor jeder Aussage festhalten

- Unklarheiten sofort klären, am Rand markieren, unterschlängeln, in einer bestimmten Farbe markieren, gleich auf Extraseite schreiben oder Seite durch Büroklammern, Haftzettel oder Eselsohren kennzeichnen

- ausführliche Tagesordnungspunkte jeweils auf neue Seite schreiben

- ungeläufige Begriffe, Eigennamen in Langschrift schreiben

- Ergebnisse, Beschlüsse wörtlich stenographieren, eventuell während der Sitzung wiederholen, diktieren lassen, numerieren

- deutlich schreiben, besonders Endungen.
  Jeder muß das Protokoll lesen können

- auf Termine besonders achten

- Markierungen nach eigenem System aufbauen und einsetzen: Farben, Unterstreichungen, Einrückungen, Einkreisen, Unterschlängeln

- Tonbandaufzeichnungen (Recorder wird möglichst nicht vom Protokollführer bedient):
  Zählwerk mitlaufen lassen und Beiträge und Redner zusätzlich notieren, eventuell auf dafür vorbereitetem Vordruck

- Pausen nutzen für Gliederung und Erinnerung

- auch aggressive Aussagen notieren, es könnte Konsequenzen geben. Nur dann in Protokoll aufnehmen

- Protokollführer ist mitverantwortlich, daß Beschlüsse gefaßt werden — eventuell erinnern

3. Nach der Sitzung

- kurz nach der Sitzung Protokoll je nach Protokollart formulieren

- zur Übersicht erst alles lesen

- Wichtiges visualisieren

- Protokollrahmen beachten

- eventuell Protokollvordruck entwerfen, vor allem bei gleichbleibenden Sitzungsteilnehmern

- beim Protokollentwurf den Protokollkern $1\frac{1}{2}$zeilig schreiben, Regeln für Maschinenschreiben anwenden, Platz für Korrekturen lassen

- Technische Möglichkeiten bei der Gestaltung nutzen, je nach Schreibsystem oder PC
  - Fettdruck für Namen, Termine, Beschlüsse
  - Protokollkern nach Genehmigung einzeilig
  - regelmäßige Sitzungsteilnehmer speichern
  - Auswertung eventuell zusätzlich tabellarisch auf Vordruck zur besseren Erledigung der Aufträge und Wiedervorlage
  - Protokolldiskette mit besonderer Maske oder Vordruck für weitere Protokolle aufheben
  - erledigte Protokolle löschen oder »vertraulich« kennzeichnen und aufbewahren
- Protokollentwurf inhaltlich auf Vollständigkeit prüfen
- Entwurf je nach Anlaß und Vereinbarung an Sitzungsteilnehmer zur Genehmigung, Berichtigung, Ergänzung senden
- endgültiges Protokoll im Zeitraum von 1 Woche unterschrieben an Teilnehmer verschicken
- Protokollauszüge an zuständige Stellen, Aufträge terminieren, wichtige Textstellen für jeden Teilnehmer markieren
- Protokollarchiv führen, ablegen, zeitlich zuordnen
- Beschlüsse numerieren, Seiten heften, klammern oder binden
- Termine kontrollieren, Beschlüsse überwachen, Ergebnisse weiterleiten
- persönliche Schwierigkeiten bei der Protokollführung notieren und für das nächste Mal Maßnahmen ergreifen
- Termincheckliste extra aufstellen

Der Protokollrahmen: Wie bauen Sie ein Protokoll auf?

In der Praxis gibt es unterschiedliche äußere Formen des Protokolls. Normvorschriften und feste Regeln existieren nicht. Allerdings sollte eine übersichtliche und zum schnellen Verständnis führende Anordnung der Protokollbestandteile im Vordergrund eines rationellen Protokolls stehen.

Jedes Protokoll besteht aus drei Teilen:
- dem Protokollkopf
- dem Protokollinhalt
- dem Protokollschluß

184

Zu den einzelnen Teilen können firmenintern und je nach Anlaß und Protokollart Stichpunkte festgelegt werden, die Aufbau und Reihenfolge einheitlich regeln.

Vielleicht prüfen Sie einmal Ihren Protokollrahmen: Ist er auf die bei Ihnen vorhandene neueste Technik abgestimmt? Ist er übersichtlich? Schnell und gut erfaßbar? Lohnt sich vielleicht die Anschaffung neuer Technik für eine bessere Protokollführung?

Die Frage nach Vordrucken zum Protokollaufbau wird immer wieder — auch in Seminaren — diskutiert. Es gibt keine allgemeingültigen Vordrucke — ein individueller Entwurf ist nötig.

Das folgende Muster einer Checkliste regt Sie vielleicht zu einer Empfehlung für Ihre Firma an. Wesentlich sind jedenfalls die Stichpunkte, die in Ihrer Liste enthalten sein sollten. Reihenfolge und Vorgehensweise liegen in Ihrem Ermessen. Rationell protokollieren heißt auch: alternativ vorgehen und denken.

Checkliste   Protokollaufbau in drei Teilen

1. **Der Protokollaufbau muß/kann enthalten:**

- Bezeichnung »Protokoll«
- Nummer des Protokolls
- Firma, Veranstalter, Organisation, Gremium, Gruppe
- Sitzungsbezeichnung oder Anlaß, z.B.
  - Vorstandssitzung
  - Ausschußsitzung
  - Betriebsversammlung
  - Vertragsabschluß
  - Problemlösung
- Teilnehmer (alphabetisch oder Rangordnung)
  - Anwesende
  - Entschuldigte
  - zeitweise Anwesende
  - Gäste
- Funktionäre
  - Vorsitzender
  - Geschäftsführer
  - Protokollführer
  - Dolmetscher usw.

▷

- Daten
  - Ort
  - Datum
                                      - Uhrzeit (Beginn, Schluß)

- Tagesordnungspunkte — Themen numeriert

2. **Der Protokollinhalt richtet sich nach der Protokollart und kann bestehen aus:**

- Tagesordnungspunkten als Überschriften oder außerhalb des Satzspiegels (numeriert und Text)
  - gut, übersichtlich gegliedert·
  - sofort auffindbar
  - hervorgehoben
  - unterstrichen oder
  - Fettdruck/Großbuchstaben

- Namen der Teilnehmer
  hervorgehoben am Anfang der Zeile, unterstrichen oder fett

- Beiträgen der Teilnehmer

- Sitzungsverlauf:
  Fragen — Antworten — Behauptungen — wichtigen Gründen dafür und dagegen — Gedanken für das Ergebnis — Hinweisen auf den Zusammenhang — Zusagen und Vereinbarungen — Aussagen, auf die Bezug genommen wird — begründeten Vorwürfen — Gründen für Verhalten

- Ergebnissen, Beschlüssen (numeriert) —
  deutlich hervorgehoben, unterstrichen, fett oder Kennzeichnung am Rand (anders kennzeichnen als z. B. Redner oder TOPs); eventuell andere Schrifttype

3. **Der Protokollschluß garantiert die Richtigkeit und Vollständigkeit durch die Angaben:**

- Ort

- Datum

- Unterschriften
  - Verantwortlicher
  - Vorsitzender (eventuell Namen maschinenschriftlich wiederholen)
  - Protokollführer (juristisch auch Geschäftsführer)

- Anlagen (einzeln aufgeführt)

- Verteiler
  - Teilnehmer
  - Beauftragte
                          - Informierte

Checkliste   Protokollstil und Inhalt

Als Formel für Pressenotizen gelten 7 Ws, die Fragen WER, WAS, WANN, WO, WIE, WARUM, WOMIT.
Sie müssen auch beim Formulieren des Protokolls berücksichtigt werden, wenn nichts Wichtiges fehlen soll. Für den guten Protokollstil gelten außerdem Empfehlungen, die für den modernen Briefstil aufgestellt werden.

Wichtige Checkpunkte können sein:

- die Darstellungszeit wird berücksichtigt (Gegenwart)
- direkte und indirekte Rede werden richtig angewandt
- der Konjunktiv wird beherrscht
- direkte Rede (Indikativ) für Tatsachen, Anträge, Beschlüsse
- indirekte Rede (Konjunktiv) für Behauptungen und Meinungen
- kurze Sätze: nicht mehr als 10—15 Wörter pro Satz im Satzdurchschnitt
- klarer, eindeutiger Ausdruck
- Umgangssprache in Protokollsprache übersetzen
- Zusammengehörendes zusammenfassen
- gute Lesbarkeit und Verständlichkeit
- Wichtiges in den Hauptsatz, nicht in den Nebensatz
- mehr Verben als Hauptwörter
- Einleitungsverben wechseln
- Übereinstimmung des Inhalts mit Originaldiskussion
- gefällige Gestaltung und äußere Form
- Hervorhebungen visualisieren und optisch absetzen vom übrigen Protokoll
- treffende, einfache Ausdrücke
- Fragen in direkter Form
- fehlerfrei: Rechtschreibung, Zeichensetzung, Satzbau, Stil, Grammatik

Checkliste   Was nicht im Protokoll stehen muß

Hierbei geht es um Punkte, die im Protokoll stehen können, aber nach der Auffassung eines rationellen Protokolls und den Empfehlungen für den Protokollinhalt entfallen können. Damit keine langen Abhandlungen zum Thema gelesen werden müssen, gibt es diese Checkliste. Sie können Ihren Protokollentwurf noch einmal vergleichen und eventuell Überflüssiges streichen.

Streichen Sie:

- Begrüßungen
- Einleitungen
- unbewiesene Behauptungen
- widerrufene Aussagen
- emotionale Bemerkungen
- Nebensächliche Beispiele
- unsachliche, unqualifizierte Bemerkungen

- Beobachtungen und Ansichten des Protokollführers
- Abschweifungen
- Beifalls- und Mißfallenskundgebungen
- persönliche Angriffe
- Vertrauliches
- Killerphrasen
- Schlußwort
- Dank

Ausnahmen für das Streichen:

Aus den Punkten haben sich im Laufe der Sitzung Konsequenzen ergeben.

Checkliste   Wortschatz für das Protokoll

Aussagen, die im Protokoll festgehalten werden, bestehen aus Inhalten, die sich wiederholen. Deshalb muß der Protokollführer seinen Protokoll-Wortschatz »im Griff« haben. Er muß sich darauf konzentrieren, welche Art von Erklärung der Sitzungsteilnehmer abgibt. Für die verschiedenen Möglichkeiten empfiehlt sich eine Sammlung alphabetischer Stichworte mit Einleitungsverben für die Protokollbegriffe, um die Aussagen besser festhalten zu können.

Beim Protokoll geht es immer um:

- Anträge
- Ablehnungen
- Antworten
- Appelle

- Ausführungen
- Bedenken
- Begründungen
- Behauptungen

- Betonungen
- Beschlüsse
- Beweise
- Bitten
- Diskussionen
- Entgegnungen
- Erklärungen
- Erwartungen
- Feststellungen
- Fragen
- Informationen
- Meinungen
- Mitteilungen
- Problemlösungen
- Stellungnahmen
- Termine
- Versprechungen
- Vorschläge
- Widersprüche
- Zusammenfassungen
- Zustimmungen
- Zweifel

Eine Wortkartei oder der Duden für sinnverwandte Wörter hilft, schnell das richtige Verb zu finden und zu variieren. Bitte ergänzen Sie die Begriffe.

Checkliste   Schreibempfehlungen für das Protokoll

Für Protokolle gibt es keine DIN- oder Normvorschriften. Einige Empfehlungen der DIN 5008 (Regeln für Maschinenschreiben) können aber angewandt werden und sind auch sinnvoll:

- Zeilenabstand
  Entwurf 1½zeilig, endgültiges Protokoll 1zeilig

- Textbeginn
  5. Zeile des DIN A4-Blattes

- Einrückungen
  jeweils 10 Grad weiter

- Fluchtlinie links: Grad 10

- Fluchtlinie rechts: Grad 70

- Hinweis auf Folgeseiten:
  3 Punkte bei Grad 60, mindestens nach einer Leerzeile vom letzten Text. Die Punkte können rationeller auch links an der Fluchtlinie geschrieben werden

- Seitennumerierung
  Oben auf der 5. Zeile bei Grad 40 mit Mittestrichen und Leerschritten

- Unterschriften
  maschinenschriftlich wiederholen. Dafür nötige Leerzeilen richten sich nach der Notwendigkeit (meistens 4)

▷

- Anlagen
  beginnen an der Fluchtlinie oder bei Grad 50 mit mindestens
  1—3 Zeilen Abstand von der letzten Textzeile
- Einrückungen
  vor und nach dem Text je eine Leerzeile
- Sperrungen
  vor und nach dem Wort drei Leerschritte
- Unterstreichungen
  alle Buchstaben und Satzzeichen des Textteiles
- Datum
  jeweils zweistellig (05. 03. 88) oder alphanumerisch (05. März 88)
- Klammern
  ohne Leerschritte direkt an die Textteile schreiben
- Zeitangaben
  in Stunden und Minuten vierstellig, z. B. 00.15 Uhr oder 23.00 Uhr
- Zahlen unterteilen
  durch Komma, z. B. 25,36. Bei runden Zahlen können die dezi-
  malen Teile entfallen, z. B. 25 DM
- Abkürzungen
  mit Punkt, wenn das Wort im vollen Wortlaut ungekürzt ausgesprochen wird
  ohne Punkt: Abkürzungen, die abgekürzt ausgesprochen werden

Anforderungen an den Protokollführer

Wenn Protokollieren zu Ihren Aufgaben gehört, werden besonders hohe fachliche und persönliche Anforderungen an Sie gestellt.

Mit einer Checkliste können Sie Ihr Protokollwissen auffrischen, ergänzen und vergleichen. Eine Anforderungscheckliste zu fachlichem und persönlichem Können zeigt, was in der Praxis verlangt wird. Berücksichtigt ist dabei auch die Verordnung zur »Geprüften Sekretärin«, die Protokollwissen in engem Zusammenhang mit der perfekten Textformulierung sieht.

Checkliste   Fachliche Anforderungen
Was Protokollführer beherrschen müssen

- Schreibtechnik
  Stenographie 160—180 Silben (Wortprotokoll 360—400 Silben) und Schreibmaschine
- Grammatik — indirekte und direkte Rede
- Textformulierung — Inhalt, Stil, Ausdruck
- Protokollarten und ihre sinngemäße Anwendung
- stilistische Besonderheiten des Protokolls
- Anfertigung des Protokollrahmens
- erfassen, gliedern und zusammenfassen von Protokollinhalten
- Protokoll unterschriftsreif erstellen und auswerten
- Regeln für Rechtschreibung, Zeichensetzung, Groß- und Kleinschreibung
- Gestaltung des Textes nach DIN 5008 (neueste Ausgabe)
- umfangreicher Wortschatz — Fach- und Fremdwörter
- Fachsprache des Arbeitsgebietes
- rationelle Arbeitstechnik — Vorbereitung und Abwicklung der Protokollführung, Wiedervorlage, Ablage

---

Checkliste Persönliche Anforderungen an Protokollführer

- sehr gute Allgemeinbildung zum Verständnis des Gesagten
- gutes Gedächtnis für Namen, Personen, Aussagen, Ereignisse, Vorgänge
- Einfühlungsvermögen zum richtigen Erfassen der Sache, Entscheidung der Ausführlichkeit des Festzuhaltenden
- Diskretion bei vertraulichen Sitzungen und überhaupt
- mitdenken, mehr denken als schreiben, nicht alles mitschreiben
- zuhören, nichts überhören
- Konzentrationsvermögen, nichts vergessen, Aussagen gleichzeitig Redender erfassen
- Durchsetzungsvermögen: Hinweisen auf Richtigkeit, Fehler und Unklarheiten
- Objektivität, Neutralität, Trennen von Sachlichem und Persönlichem.
  Nichts aufbauschen, abschwächen, unterdrücken
- Verantwortungsbewußtsein für die Richtigkeit, die Wahrheit
- Zuverlässigkeit bei der Kontrolle der Beschlüsse und dem Einhalten der Termine
- Belastbarkeit: Es kann auch mal »länger« dauern
- auch bei Hektik die Übersicht behalten und Ruhe bewahren
- Verantwortungsbewußtsein z.B. auch dafür, daß Beschlüsse gefaßt werden

Literaturliste zur Protokollführung

Fachzeitschriften

texten und schreiben
Holzmann Verlag, Bad Wörishofen

Neue stenographische Praxis
Zeitschrift des Verbandes der Parlaments- und Verhandlungsstenographen e.V., Bonn

Der Sprachdienst
Gesellschaft für Deutsche Sprache, Wiesbaden

Fachbücher und Nachschlagewerke

Bäse-Lambrich: Wir protokollieren
Winklers Verlag, Darmstadt

W. Bernhard, J. A. Birkenbach: Protokollführung
Verlag H. Stam GmbH, Köln-Porz

Böttcher-Haupt: Textverarbeitung — Protokollieren
Winklers Verlag, Darmstadt

Ursula Drechsler: Korrespondenz im Sekretariat
Langen-Müller/Herbig Wirtschaftsverlag, München

Heinrich Gassmann: Protokollführung im Betrieb
Taylorix Fachverlag, Stuttgart

Annemarie Lennartz: Praxis der Korrespondenz und Protokollführung mit Mustern und Beispielen
mvg moderne verlags gmbh, Landsberg/Lech

Ernst A. Meyer: Berichte und Protokolle schreiben
Econ Praxis, Düsseldorf

Rudolf Willimsky: Das Protokoll
Bulster Verlag GmbH, Karlsruhe

DUDEN

Band 4: Die Grammatik

Band 8: Die sinn- und sachverwandten Wörter und Wendungen

Wörterbuch der treffenden Ausdrücke

Band 9: Richtiges und gutes Deutsch

Wörterbuch der sprachlichen Zweifelsfälle

Bibliographisches Institut, Mannheim

Protokollführung und Chefentlastung
Überblick zur Selbsteinschätzung
(nach der gesetzlichen Verordnung »Geprüfte Sekretärin«)

Die Sekretärin kann

- begründen bzw. entscheiden, welche Protokollart im Einzelfall zu wählen ist
- beherrscht die Anfertigung des Protokollrahmens sowie die stilistischen Besonderheiten des Protokolls
- den Protokolltext stilistisch ordnungsgemäß gestalten
- Wesentliches erfassen, gut gliedern, richtig zusammenfassen
- im Verlauf einer Verhandlung das Wesentliche erkennen
- ein Protokoll unterschriftsreif erstellen und auswerten
- ein Protokoll vollständig und unterschriftsreif mit der Schreibmaschine erstellen
- ein Protokoll auswerten

Kapitel 8

Ablage im Sekretariat

Fragebogen zur Ablage und Registratur

Der Sekretariats-Aktenplan

ABC-Regeln für die Registratur
Kurzfassung der DIN 5007 nach Leitz

Karteien im Sekretariat

Stichpunkte für eine besondere Karteikarte

Schreibtisch-Aktei als Organisations- und Planungshilfe •

Schriftgutverwaltung und Chefentlastung
Überblick zur Selbsteinschätzung
(nach der gesetzlichen Verordnung »Geprüfte Sekretärin«)

Ablage im Sekretariat

Ordnen und finden — oder Mut zum Papierkorb stand über einem Artikel zur Schriftgutverwaltung. Diese gut gewählte Überschrift enthält drei Schwerpunkte, die wesentlich für eine rationelle Ablage sind und immer wieder Probleme verursachen.

- Ordnen
- Finden
- Wegwerfen

Oft wird bei auftretenden Mängeln die Sekretärin verantwortlich gemacht. Ist sie jetzt immer schuld an dem Dilemma?

Vielleicht hilft ein Beispiel diese Frage zu beantworten: Ein Münchner Hotelier rief mich an, um sich nach einem Seminar zum Thema Ablage für seine Sekretärin zu erkundigen. Normalerweise ist *Ablage* kein eigenes Tagungsthema für Sekretärinnen, sondern nur eins unter anderen. (Für Organisatoren gibt es allerdings Arbeitstagungen zur rationellen Schriftgutverwaltung.) Auf gezielte Fragen erfuhr ich vom Anrufer die problematische Situation, die nicht einmalig ist, sondern immer wieder vorkommen kann:

Die Sekretärin war krank und der Chef fand sich nicht in *ihrer* Ablage zurecht.

In diesem speziellen Fall lag das Problem nicht an der vermeintlichen Unordnung der Sekretärin, sondern — wie sich später herausstellte — am Ablagesystem, das für die umfangreiche Ablage nicht ausreichend war. Ich habe eine Beratung empfohlen und eine Überprüfung des Systems. Heute wird in diesem Hotel nach einem Ablageplan gearbeitet.

An diesem Beispiel wird deutlich, daß *Schriftgutverwaltung* auch zur Chefentlastung gehört. Hinweise auf das

Ablagesystem sollte die Organisationshandakte für die Vertretung und den Chef enthalten.

Bei der Neueinrichtung der Registratur wird sicher ein Fachmann der Büroorganisation hinzugezogen; die Sekretärin muß aber mit den Unterlagen arbeiten. Es liegt oft in ihrem Ermessen, was und wie lange etwas aufbewahrt wird. Sie muß die Aufbewahrungsfristen, die von der Wertigkeit abhängen, kennen und auch Entscheidungen mittreffen. Besonders verantwortungsvoll ist der *Mut zum Papierkorb*.

Fragebogen zur Ablage und Registratur*

Bitte prüfen Sie mit diesem Fragebogen, ob Sie etwas verbessern können. Wenn Sie nicht alle Fragen mit *ja* beantworten können, sollten Sie eventuell mit Ihrem Chef darüber sprechen oder sich entsprechende Informationen besorgen.

		Ja	Nein
1.	Halten Sie Ihre Ablage für optimal eingerichtet?	☐	☐
2.	Haben Sie regelmäßige Termine, an denen Sie ablegen?	☐	☐
3.	Kennen Sie die Wertigkeit, nach der Schriftgut abgelegt wird? (Tageswert, Prüfwert, Gesetzeswert, Dauerwert)	☐	☐
4.	Senden Sie Schreiben *urschriftlich zurück*, die nicht abgelegt werden müssen und nicht für den Papierkorb bestimmt sind?	☐	☐
5.	Trauen Sie sich zu, zu entscheiden, was und was nicht aufgehoben wird?	☐	☐
6.	Haben Sie Unterlagen sofort, ohne längeres Suchen griffbereit?	☐	☐

* Auszug aus Korrespondenz im Sekretariat, Langen-Müller/Herbig, 1987, München

	Ja	Nein
7. Findet sich Ihr Chef oder Ihre Vertretung immer in Ihrer Ablage zurecht?	☐	☐
8. Sortieren Sie die Ablage regelmäßig aus?	☐	☐
9. Legen Sie Briefwechsel mit Kunden getrennt von internen Statistiken und Unterlagen ab?	☐	☐
10. Wissen Sie, welche Registratur für jeden Zweck die beste ist?	☐	☐
11. Haben Sie den Mut und ergreifen Sie die Initiative, ein besseres Ablagesystem vorzuschlagen, wenn das vorhandene nicht den Anforderungen entspricht?	☐	☐
12. Ist der Standpunkt der Ablage optimal?	☐	☐
13. Haben Sie laufende Vorgänge sofort griffbereit, ohne den Arbeitsplatz verlassen zu müssen?	☐	☐
14. Kennen Sie die DIN-Vorschriften zur Ablage (DIN 5007 = ABC-Regeln)?	☐	☐
15. Arbeiten Sie mit Kontrollvermerken, wenn Sie Akten und Vorgänge ausleihen?	☐	☐
16. Können Sie telefonische Anfragen zu laufenden Vorgängen sofort beantworten?	☐	☐

Selbst wenn Sie glauben, Ihre Ablage sei bestens organisiert, lohnt es sich, in Abständen immer wieder die neuesten Informationen zu bestellen. Auch zur Information des Chefs. Leitz, Stuttgart, hat (wie auch andere Hersteller) folgende Broschüren, die Sie — am besten mit dem Hinweis auf dieses Buch — kostenlos beziehen können:

1. Broschüre *Ordner-Registratur*
2. Broschüre *Hänge-Registratur*
3. Broschüre *Pendel-Registratur*
4. Broschüre *Stehsammler-Registratur*
5. Broschüre *Sekretariats-Aktenplan*
6. Broschüre *Schriftgut in der Kommunalverwaltung*
7. Auszug aus den *ABC-Regeln (DIN 5007)*

Der Sekretariats-Aktenplan

Die Sekretariatsregistratur übernimmt alle Schriftstücke von langfristigem Interesse, vertrauliche Vorgänge und Schriftstücke, die nach sachlichen Gesichtspunkten geordnet werden müssen. Eine sinnvolle Ordnung für eine umfangreiche Registratur ist nur nach Aktenplan möglich.

Der Sekretariats-Aktenplan muß immer auf den Betrieb abgestimmt werden. Es kann nur ein Standardmuster gezeigt werden, das individuell abgewandelt werden muß. Grundlage für den Ablageplan eines Unternehmens und Richtlinie für die Aufstellung kann auch die Broschüre von Leitz sein.

Auszug aus einem Sekretariats-Aktenplan von Leitz

Dieser Aktenplan ist nach dem Dezimalsystem gegliedert und jederzeit erweiterungsfähig. Für einen mittleren Fertigungsbetrieb gibt es 10 Hauptgruppen:

0 – Gründung, Führung und Gliederung

1 – Anlagen

2 – Finanzen und Buchhaltung

3 – Personal- und Sozialwesen

4 – Einkauf

5 – Fertigung

6 – Vertrieb

7 – Verwaltungsorganisation

8 – frei (zur besonderen Verwendung)

9 – Privatsekretariat

Die 10 Hauptgruppen wurden unterteilt in Gruppen, Untergruppen, Sachgebiete.

Beispiel für die Gruppe 7 (nach Leitz)

7	Verwaltungs-Organisation (Verwaltung, Rechtsangelegenheiten, Versicherungen)
7-0	Aufgabengliederungsplan gesamt (Org.-Handbuch)
7-00	Aufgabengliederungsplan je Bereich
7-01	Abteilungsplan/Stellenplan
7-02	Arbeitsplatzbeschreibungen
7-03	Ablauforganisation gesamt
7-03-0	Ablauforganisation je Bereich
7-03-1	Einzelne Abläufe (Stichwörter, Arbeitsanweisungen)
7-04	Schriftgutverwaltung
7-04-0	Ablegeplan, Aktenplan, Schriftenkatalog
7-04-1	Vordrucke, Formulargestaltung
7-05	Büro-Einrichtung
7-05-0	Beleuchtung, Klimatisierung, Akustik
7-05-1	Möblierung, Stellpläne
7-05-2	Maschinen
7-06	Textverarbeitung
7-1	EDV
7-10	Software
7-11	Hardware-Datenerfassung
7-12	Hardware-Datenverarbeitung
7-2	Haus-Verwaltung, allgemein
7-20	Reinigung
7-21	Instandhaltung
7-22	Pförtner, Wachdienst
7-23	Schlüsselplan
7-3	Vermietung und Verpachtung (Einzelakte je Objekt, evtl. Unterteilung)
7-30	Mietverträge
7-31	Mietzahlungen
7-32	Hausgebühren
7-33	Umlage
7-4	Fuhrpark
7-40	Einsatzplan

7-41	Kraftfahrzeuge	
7-41-0	PKW	für jedes Fahrzeug
7-41-1	LKW, Anhänger	eine Einzelakte
7-41-2	Gabelstapler	
7-42	Kfz-Werkstatt	
7-43	Tankstelle	

7-5   Versicherungen (jeweils Einzelakten)

7-50	Betriebshaftpflicht	
7-51	Feuer	
7-52	Gebäudebrand	
7-53	Betriebsunterbrechung	
7-54	Haftpflicht	jeweils
7-55	Einbruch – Diebstahl	Einzelakten
7-56	Kraftfahrzeug	je Versicherung
7-57	Leben	
7-58	Sonstige	

7-6   Rechtsangelegenheiten

7-60	Allgemeine Rechtsangelegenheiten, HGB, BGB
7-61	Wettbewerbsrecht, Kartellrecht
7-62	Patentrecht
7-63	Gebrauchsmuster
7-64	Warenzeichen
7-65	Lizenzgeber
7-66	Lizenznehmer
7-67	Erfindervergütung

7-7   Zeitungen und Zeitschriften

7-70	Liste der Abonnements
7-71	Auswertung
7-72	Dokumentation

ABC-Regeln für die Registratur

Für die richtige Ablage der Korrespondenz ist es nicht ausreichend, das Alphabet zu beherrschen. Es gibt Zweifelsfälle, die nur durch eine Norm gelöst werden können, wenn unnötiges Suchen vermieden werden soll.

Wissen Sie z.B., wie die Lautverbindungen Sch und St am Wortanfang behandelt werden? Während Adreßbücher die normale alphabetische Reihenfolge beachten, weicht die Norm DIN 5007 (Regeln für die alphabetische Ordnung) für die Schriftgutverwaltung davon ab: Sch und St am Wortanfang werden als selbständige Buchstaben in der Reihenfolge S, Sch, St behandelt.

Kurzfassung der DIN Norm 5007 nach Leitz

Allgemeines	
Buchstabenfolge	Für die Buchstabenfolge ist das ABC maßgebend.
Umlaute	ä, ö, ü gelten als ae, oe, ue; i und j sind zwei verschiedene Buchstaben.
Akzente	Bleiben unberücksichtigt. Aus fremden Sprachen: à, ĕ, ç, = a, e, c.
Lautverbindungen	ch, ck, sch und st gelten als zwei bzw. drei Buchstaben (ß = ss). Ausnahme: Sch und St am Wortanfang werden — im Gegensatz zu Adreßbüchern — in der Registratur als selbständige Buchstaben in der Reihenfolge S, Sch, St behandelt.
Vorsatzwörter Titel Adelsbezeichnungen	Werden nicht berücksichtigt, z.B. alle Vorsatzwörter wie *der, die, das, von, zur, zum, de* usw.: Der Oberbürgermeister = Oberbürgermeister Die Wörtchen *und (&), für* usw.: Bauer & Mann = Bauer Mann Die Adels- und Berufstitel wie *Freiherr, Professor, Dr.:* *Dr. Otto Freiherr von Bauer = Bauer, Otto Angehängte Buchstaben und Silben: Bauer'sche Gießerei = Bauer Gießerei*
Abkürzungen	Feststehende und gebräuchliche Abkürzungen können wie ein Wort behandelt werden: AEG = Aeg, BBC = Bbc, G.m.b.H. = GmbH
Ordnungsfolge nach Namen: Ordnungswert	
1. Ordnungswert	hat das erste Wort des Familien-, Firmen- oder Sachnamens. Familiennamen ohne Vornamen stehen vor solchen mit Vornamen oder Zusätzen.

2. Ordnungswert	besitzen alle Vornamen, Zweitnamen und Zusätze, abgekürzte Vornamen vor den gleichartigen, ausgeschriebenen Vornamen: Gebrüder, Geschwister vor Familiennamen werden wie Vornamen behandelt. Zweite und weitere Vornamen oder Zusätze bestimmen die Ordnungsfolge, wenn die ersten gleich sind.
3. Ordnungswert	erhält der Ort, wenn alle Vornamen und Zusätze gleich sind (Reihenfolge nach dem Ortsverzeichnis der Bundespost).
4. Ordnungswert	haben Straße und notfalls Hausnummer.

Ordnungsfolge nach Orten

Ordnungswert hat der Ort (nach Ortsverzeichnis der Bundespost). Innerhalb der Orte wird alphabetisch nach Namen geordnet. Die vorher genannten Ordnungswerte erhalten also jeweils den nächsten Rang.

Einzelne Namensbestandteile der Ortsnamen gelten zusammen als ein Wort: BadElster, GroßGerau, NeuUlm, SanktGeorgen (St. = Sankt), WeilderStadt.

Wortfolge

Jedes Wort gilt für sich allein.

Längere Namen folgen den Namen mit gleicher Buchstabenzahl.

Zusätze werden den Namen gleichgestellt, z.B. & Co, GmbH, & Mann, -Modelle, & Söhne. Zusammengesetzte Familiennamen werden als einzelne Worte wie Vornamen eingeordnet, z.B. Bauer-Mann nach Bauer, Manfred oder Bauer von Burgfeld nach Bauer, Bertram. Untrennbare Eigennamen werden ohne Rücksicht auf Vornamen in der bestehenden Wortfolge geordnet: Bauer-Mann-Stiftung, Manfred-Bauer-Stiftung.

Aus Sach-, Personen- oder Ortsnamen zusammengesetzte Namen werden in der bestehenden Wortfolge eingereiht. Sind die ersten Wörter gleich, wird nach den zweiten bzw. dritten Worten geordnet. Wenn es jedoch zweckmäßiger ist, nach Personennamen einzuordnen, müssen Hinweise angebracht werden, z.B. *Maschinenfabrik Bauer & Co, siehe unter Bauer & Co.*

Hinweiszettel

In allen Fällen, die eine andere Einordnung zulassen, sollte an der betreffenden Stelle ein Hinweiszettel eingelegt werden.

Karteien im Sekretariat

Auch in der heutigen Zeit, in der die Elektronische Daten-
verarbeitung sich zunehmend durchsetzt, sind Karteien
für bestimmte Zwecke unentbehrlich. Sekretärinnen sind
besonders erfinderisch beim Aufbau individueller Karteien für ihren Arbeitsplatz, für ihren Chef. Es kommt aber
vor, daß unnötige Karteien angelegt und dann nicht wei-
tergeführt werden. Deshalb prüfen Sie bitte jede Kartei, ob
die gewünschten Informationen besser und einfacher auf
andere Weise gewonnen werden können.

Vorteile der Karteien:

- Schnelle Information
- Besondere Übersichtlichkeit
- Flexibilität für die verschiedensten Anforderungen
- Geringer Raumbedarf
- Konzentrierte Form der Information
- Niedrige Kosten
- Einfache Konkurrenzmöglichkeit
- Schneller Zugriff für alle, auch für den Chef

Wenn Sie eine Kartei anlegen, gilt es, vorher 11 Fragen zu
klären:

→ Wozu brauchen Sie die Kartei?

→ Was wollen Sie speichern?

→ Welchen Umfang hat die Kartei?

→ Welches Karteisystem ist für diesen Zweck am günstig-
sten?

→ Wie bauen Sie die Karteikarten übersichtlich auf?

→ Woher bekommen Sie die Informationen?

→ Wann wird die Kartei kontrolliert und korrigiert?

→ Wie können Sie den Text möglichst kurz und knapp
formulieren?

→ Wer ist für die Kartei verantwortlich?

→ Wo wird die Kartei griffbereit stehen?

→ Gibt es eine andere, bessere Methode, diese Informationen zu speichern (z. B. im PC)?

Das System wird unter den Gesichtspunkten Kosten, Zweckmäßigkeit, schnelle Ein- und Ausgabe, schneller Zugriff ausgewählt. Am besten informieren Sie sich in einem großen Bürozentrum, das verschiedene Fabrikate führt, denn die Weiterentwicklung der Kartei hat auch zu Sonderformen geführt. Es gibt *Schrägsichtkarteien, Radkarteien, Randlochkarteien* und zusätzliche Einrichtungen wie *Karteitrommeln, Karteilifte* und *Automaten.*

Nach wie vor werden drei Standardsysteme am häufigsten eingesetzt:

Die Flachkartei
Karteikarten liegen flach aufeinander.

Die Hängekartei
Karteikarten sind an Trägern aufgehängt.

Die Steilkartei
Karteikarten stehen senkrecht hintereinander.

Verwendungszweck der Karteien als

Personenkartei
für Kunden, Kontakte, Lieferanten, Personal, Besucher, Geburtstage

Sachkartei
für Werbung, Einkauf, Verkauf, Lager, Buchhaltung, Bücherei, Verleih, Inventar, Hotels, Reisen

Terminkartei
für regelmäßig wiederkehrende Termine

Damit wichtige Besucher, Kunden und Freunde des Chefs richtig betreut werden, hat die Vorsitzende des Bundes Deutscher Sekretärinnen, Annelore Schliz, eine originelle

Karteikarte in einem Sekretärinnenseminar vorgestellt, die folgende Stichpunkte enthält (Sie sehen daraus, Ihrer Fantasie und Ihrem Einfallsreichtum sind keine Grenzen gesetzt):

Stichpunkte für eine besondere Karteikarte

- Name, Vorname
- geboren am
- Namenstag
- Religion
- Familienstand
- Tag der Eheschließung
- geschieden
- Ehepartner gestorben
- Geschäftsfreund, Kunde, Lieferant
- Kollege/in, pers. Freund/in
- Jugend-/Reisebekannt- schaft
- Privatadresse
- Dienstadresse
- Sekretärin
- Titel
- Stellung
- früher bei
- erlernter Beruf
- Sprachkenntnisse
- Privat-Telefon
- Dienst-Telefon
- Hausapparat
- Name des Ehepartners
- Namen der Kinder
- Brief-Anrede
- Brief-Schluß
- Typ
- Augenfarbe
- Haarfarbe
- Krankheiten
- befreundet mit
- harmoniert nicht mit
- Persönlichkeit/Charakter
- Tabu
- Hobby(s)
- Vegetarier/Antialkoho- liker/Nichtraucher/ raucht Sorte
- bevorzugte Speisen
- unbeliebte Speisen
- bevorzugte Getränke
- besondere Vorliebe für

Sie glauben nicht, daß alle diese Punkte auf einer Kartei-karte Platz haben? Probieren Sie es einmal. Entwerfen Sie eine Karte für eigene Zwecke.

Während es im Zuge der Elektronischen Datenverarbei-tung strenge Vorstellungen über Datenschutz gibt, sind Karteikarten, die Daten enthalten — auch persönliche —

meist für jedermann zugänglich. Daran sollte auf jeden Fall gedacht werden. Bei einem innerbetrieblichen Korrespondenztraining erzählte der Verkaufsleiter — bei der Diskussion über Fremdwörter — folgende Geschichte:

Ein Auszubildender wurde eingesetzt, um Adressen für Weihnachtsgrüße nach einer persönlichen Kartei des Chefs zu schreiben. Als der Verkaufsleiter — wie er meinte glücklicherweise — die Adressen vor dem Versand kontrollierte, fand er einen Umschlag mit dem Namen und Zusatz: *Herrn Dr. Helmut Schnitt, Querulant.*

Persönliche Karteien gehören unter Verschluß und sollten nicht aus der Hand gegeben werden.

Schreibtisch-Aktei als Organisations- und Planungshilfe

Doppelfunktion: als Ablagesystem am Arbeitsplatz und Organisationshilfe, hat die Schreibtisch-Aktei ALPHA von Leitz.

Dazu gehören 4 Bausteine, die ausführlich beschrieben sind. Ursprünglich für den Chef-Arbeitsplatz gedacht, können auch Sekretärinnen ihre vielseitigen Aufgaben damit gut in den Griff bekommen.

1. *Aufgaben-Planer*
   für die Ordnung nach Prioritäten und eine lückenlose Übersicht

2. *Hängemappen-Set*
   für die Ablage nach Anforderungen des Arbeitsplatzes

3. *Termin-Set*
   für die Terminsteuerung, Wiedervorlage nach Tagen und Monaten

4. *Methodik-Handbuch*
   mit Arbeitsplatz-Regeln, Analyse-Bogen und praktischen Tips.

Paket I:
Hängemappen-Set

Leitz Schreibtisch-Aktei ALPHA

**Paket II:
Termin-Set 1995**

Leitz Schreibtisch-Aktei ALPHA

Paket III:
Aufgaben-Planer 6170

Leitz Schreibtisch-Aktei ALPHA

210

Schriftgutverwaltung und Chefentlastung

Übersichtliche Selbsteinschätzung
(nach der gesetzlichen Verordnung »Geprüfte Sekretärin«)

Die Sekretärin

- kann Schriftgut verwalten
- kennt gebräuchliche Registraturen und ihren sinnvollen Einsatz
- übersieht Vor- und Nachteile des Standorts
- weiß, wie lange Schriftgut aufbewahrt wird
- vermeidet unnötige Ablage
- erkennt, welches Ordnungssystem zweckmäßig ist
- wendet die Regeln für alphabetische Ordnung an
- kann einen Aktenplan aufbauen
- beachtet, welche Informationen zu speichern sind
- weiß, wie Karteien aufgebaut werden
- beachtet grundsätzliche Erkenntnisse zur Einrichtung
- wendet Karteien sekretariatsspezifisch an
- beschafft sich Informationen
- kann mit Informationsquellen umgehen, z.B. mit Bibliotheken

Kapitel 9

Zusammenarbeit beim Diktat:
Entlastung für Chef und Sekretärin

Diktierplan zum AWV-Merkblatt

Wunschzettel zum Chefdiktat nach IBM-ADIK

Diktat und Chefentlastung
Überblick zur Selbsteinschätzung
(nach der gesetzlichen Verordnung »Geprüfte Sekretärin«)

Zusammenarbeit beim Diktat:
Entlastung für Chef und Sekretärin

Obwohl die Diktiergeräte für Diktierende und Sekretärinnen große Vorteile bieten, hört man von beiden Seiten immer noch Einwände. Der Führungskraft fehlt der direkte Kontakt oder sogar auch die Hilfestellung, die sofortige Korrekturmöglichkeit; die Sekretärin kommt manchmal mit dem Diktieren nicht zurecht. Auch in Sekretärinnenhandbüchern herrscht keine klare Einstellung zum Phonodiktat. In einem Band fand ich eine klare Ablehnung der Technik, aber beim Hinweis auf das konservative Stenogrammdiktat die unsinnige Aufforderung, die Sekretärin habe diskret aufzustehen und den Raum zu verlassen, wenn während der Diktatzeit Telefonate für den Chef kommen.

In Wirklichkeit ist das Phonodiktat allen zu empfehlen, die sich um Rationalisierung bemühen. Wenn die Diktierregeln von Chef und Sekretärin nicht gleichermaßen perfekt beherrscht werden, sind aber der Zeit- und Arbeitsaufwand höher als bei der Stenogrammansage. In einem Großbetrieb begegnete mir zum ersten Mal die Methode, daß Führungskräfte durch untergeordnete Stellen prämiert werden: Der zentrale Schreibdienst hat Leistungsprämien für die besten Diktierenden ausgeschrieben, und das System soll gut funktionieren.

Auch ohne Prämie kann die Sekretärin den Chef überzeugen, systematisch vorzugehen und die Diktatvorschriften einzuhalten. Sie kann z.B. das AWV*-Merkblatt *Regeln für das Phonodiktat* als Grundlage für eine Checkliste nehmen oder das Duden-Taschenbuch *Wie diktiert man im Büro* bestellen. Auch eine Schulung ist zu empfehlen, die Hersteller von Diktiergeräten anbieten. Es bedarf aller-

---

* Ausschuß für wirtschaftliche Verwaltung in Wirtschaft und öffentlicher Hand e.V.

dings erst einmal einiger Übung, damit nicht nur die Diktierregeln, sondern auch die Diktiersprache, die Sprechgeschwindigkeit und das Sprechdenken beherrscht werden. In einigen Firmen hat der zentrale Schreibdienst Vordrucke, die mit dem fertigen Schreiben an den Diktierenden zurückgehen. Angekreuzt sind *Diktatfehler* oder auch die Vermerke *fehlerlos, gut zu verstehen.*

Damit bei der Diktatansage des Chefs keine wesentlichen Ansagen ausgelassen werden, empfiehlt sich ein Rahmenplan. Hält der Chef diesen Plan in der Hand, fällt ihm der logische Ablauf der Diktatansage leichter und er kann sich auf den anzusagenden Briefinhalt konzentrieren. Als Beispiel kann der Rahmenplan aus dem AWV-Merkblatt zum Phonodiktat dienen (S. 216 f.).

Psychologisch besonders geschickt und gelungen aufgebaut ist der Wunschzettel einer Sekretärin *Sie haben wunderbar diktiert* nach der Diktatsystematik von IBM (S. 218 f.). Die einzelnen Punkte geben die häufig vorkommenden Fehler wieder, so daß der Wunschzettel auch positiv in eine Checkliste zum problemlosen Diktat umgewandelt werden kann. Vielleicht probieren Sie es einmal gleich?

Seit es eine DIN 5009 zur Regelung der Diktatansage gibt, sind die Weichen für noch reibungslosere Zusammenarbeit beim Diktat gestellt. Zweifelsfälle können nun nicht mehr den Arbeitsablauf blockieren und zu Fehlern führen. Helfen Sie mit, diese DIN 5009 zu empfehlen und anzuwenden.

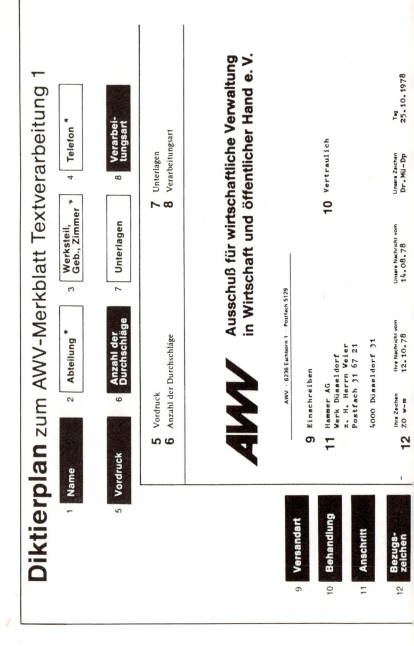

Diktierplan zum AWV-Merkblatt Textverarbeitung 1

1 Name	2 Abteilung *	3 Werksteil, Geb., Zimmer *	4 Telefon *

5 **Vordruck**	6 **Anzahl der Durchschläge**	7 Unterlagen	8 **Verarbeitungsart**

5 Vordruck
6 Anzahl der Durchschläge

7 Unterlagen
8 Verarbeitungsart

AWV Ausschuß für wirtschaftliche Verwaltung
in Wirtschaft und öffentlicher Hand e. V.

AWV · 6236 Eschborn 1 · Postfach 5129

9 Einschreiben

11 Hammer AG
Werk Düsseldorf
z. H. Herrn Weier
Postfach 31 67 21

4000 Düsseldorf 31

10 Vertraulich

12 Ihr Zeichen ZO w–m	Ihre Nachricht vom 12.10.78	Unsere Nachricht vom 14.08.78	Unsere Zeichen Dr.Mü–Dp	Tag 25.10.1978

9	**Versandart**
10	**Behandlung**
11	**Anschrift**
12	**Bezugs-zeichen**

216

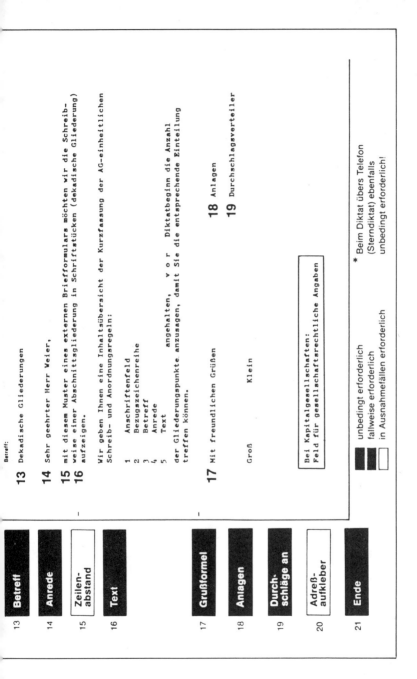

Betreff:

13 Dekadische Gliederungen

14 Sehr geehrter Herr Weier,

15
16 mit diesem Muster eines externen Briefformulars möchten wir die Schreib-weise einer Abschnittsgliederung in Schriftstücken (dekadische Gliederung) aufzeigen.

Wir geben Ihnen eine Inhaltsübersicht der Kurzfassung der AG-einheitlichen Schreib- und Anordnungsregeln:

1   Anschriftenfeld
2   Bezugszeichenreihe
3   Betreff
4   Anrede
5   Text

... angehalten, v o r Diktatbeginn die Anzahl der Gliederungspunkte anzusagen, damit Sie die entsprechende Einteilung treffen können.

17 Mit freundlichen Grüßen

Groß   Klein

Bei Kapitalgesellschaften:
Feld für gesellschaftsrechtliche Angaben

18 Anlagen

19 Durchschlagsverteiler

■ unbedingt erforderlich
■ fallweise erforderlich
□ in Ausnahmefällen erforderlich

* Beim Diktat übers Telefon (Sterndiktat) ebenfalls unbedingt erforderlich!

---

13 **Betreff**

14 **Anrede**

15 Zeilen-abstand

16 **Text**

17 **Grußformel**

18 **Anlagen**

19 **Durch-schläge an**

20 Adreß-aufkleber

21 **Ende**

Wunschzettel zum Chefdiktat nach IBM-ADIK

Sie haben ○wunderbar ○gut diktiert

NOCH BESSER WERDEN SIE
"ANKOMMEN", WENN SIE KÜNFTIG
DIE ANGEKREUZTEN HINWEISE
DES TEXTVERARBEITUNGS-
SEKRETARIATS BEACHTEN...

Bemerkungen:

angeben

O Alle Satzzeichen angeben *außer* Komma

O Bei Fremdsprachen alle Instruktionen und Konstanten in *deutsch* ansagen

O Buchstabieren Sie nach der Buchstabiertafel (Telefonverzeichnis)

O Fluchtlinie wurde nicht angesagt

O Instruktionen sind durch STOP und TEXT einzugrenzen

O Unterstreichung wurde falsch angesagt; *richtig:* STOP bitte unterstreichen – diktieren Sie nun den zu unterstreichenden Text – TEXT

O Bei Zahlengruppen (z. B. bei Teile-Nr.) Ziffern bitte einzeln ansagen. Zahlenwerte (z. B. DM-Beträge) wie gewohnt diktieren

O Aufzählungen, Gliederungen und Aufstellungen bitte so diktieren:

- STOP es folgt eine zweistellige Aufzählung TEXT (1., nächstens)
- STOP es folgt eine Gliederung TEXT (1., 1.1, 1.1.2 usw.)
- STOP es folgt eine Aufstellung mit .... Spalten TEXT

O Diktathinweisstreifen fehlt

O Diktathinweisstreifen ist falsch gelocht

O Diktathinweisstreifen war nicht mit .... gekennzeichnet

O Achten Sie darauf, daß

- normale Korrespondenz
- eilige Korrespondenz
- PTV
- Composer-Satz

nicht auf ein und dieselbe Manschette diktiert wird

O Ende der Manschette nicht beachtet

O Ansage war schlecht zu verstehen:

- Aussprache war undeutlich. Bitte deutlicher sprechen
- Endsilben verschluckt
- Zu leise diktiert
- Zu laut diktiert

O Nicht nach IBM ADIK diktiert

O Unbekannte Namen/Ausdrücke nicht buchstabiert oder nicht aus Unterlagen ersichtlich

O Anzahl der Durchschläge am Anfang angeben

IBM-Form 45 109-2   © IBM Deutschland GmbH

Genehmigter Nachdruck aus Kurzfassung IBM ADIK, IBM Form 45 109-2 © Copyright IBM Deutschland

Diktat und Chefentlastung

Überblick zur Selbsteinschätzung
(nach der gesetzlichen Verordnung »Geprüfte Sekretärin«)

Die Sekretärin

- beherrscht Diktier- und Schreibtechniken
- wendet die Regeln für das Phonodiktat an
- arbeitet sowohl mit Diktiergerät als auch mit Stenogramm
- kennt moderne Möglichkeiten wie Sterndiktat und Telefondiktat

Kapitel 10

Richtiges Telefonieren

Umgang mit dem Telefon

Erwartungen beim Telefonieren

Überblick
Erwartungen beim Telefonieren

Regeln für das Telefonieren

Checkliste
Regeln für das Telefonieren

Buchstabiertest

Internationales Buchstabieralphabet

Telefonsituationen
Fallbeispiele

Telefonieren mit Ausländern
Telefon-Checkliste deutsch − englisch
Telefon-Checkliste deutsch − spanisch
Telefon-Checkliste deutsch − französisch
Italienische Redewendungen am Telefon

Formulare für Telefonnotizen

Welcher Text für Ihren Anrufbeantworter?

Telefonieren und Chefentlastung
Überblick zur Selbsteinschätzung
(nach der gesetzlichen Verordnung »Geprüfte Sekretärin«)

Richtiges Telefonieren

Kaum jemand weiß, wer das Telefon erfunden hat und wann das war*. Dabei ist das Telefon ein wesentliches Arbeitsgerät und ein wichtiges Mittel der Kommunikation. Es ist für die Chefentlastung durch die Sekretärin ein weites, entwicklungsfähiges Feld.

Die moderne Technik hat eine hohe Perfektion erreicht: Wählautomatik, Kurzwahl, Direktwahl, Telefonkonferenz, Autotelefon sind nur einige Beispiele. Ohne Telefon sind die neuen Medien Telekopie und Bildschirmtext nicht möglich.

Das Beherrschen der Technik allein genügt heute für eine Sekretärin und Telefonistin nicht. Schwachstellen liegen häufig an dem fehlenden Telefonier-Know-how, das gerade durch die vielen technischen Möglichkeiten in den Vordergrund rückt und trainiert werden muß. Dieses Knowhow geht über die einfache Sekretärinnen-Ausbildung und die Berufsschulinformationen hinaus. Erst bei der Weiterbildung zur *Geprüften Sekretärin* wird die Kunst des Telefonierens besonders geübt.

Auf richtiges Telefonieren wird in der Verkäuferschulung großer Wert gelegt — die Ergebnisse guten Telefonierens lassen sich an der Verkaufsstatistik ablesen. Auch die Sekretärin hat etwas zu verkaufen: das Image ihrer Firma. Deshalb sollte Telefonieren auch im Sekretariat nicht dem Zufall und der Begabung allein überlassen werden. Sonst sind allgemeine Klagen von Anrufern keine Seltenheit. Es passiert uns täglich selbst: Wir werden abgehängt, falsch verbunden, aus der Leitung geworfen, warten gelassen, unrichtig informiert, zu kurz abgefertigt. Die Geschichte vom Buchbinder Wanninger passiert heute noch — und nicht etwa nur bei Behörden.

---

* 1860 wurde das Telefon von Philipp Reis erfunden, 1876 von Graham Bell und 1878 von Hughes verbessert.

Richtiges Telefonieren ist lernbar. Die Beherrschung des Know-hows, der richtigen Spielregeln, fördert die Freude am Umgang mit dem Telefon. Das wissen Sekretärinnen, die schon Telefonseminare besucht haben (z.B. beim RKW).

Die Aufgaben am Telefon sind von Firma zu Firma, von Chef zu Chef verschieden. In kleineren Firmen übernimmt die Sekretärin auch einmal die Telefonzentrale.

Umgang mit dem Telefon

Der gute Ton am Telefon ist ebenso wichtig wie das Beherrschen der rhetorischen und psychologischen Möglichkeiten oder das kostenbewußte Denken. Die wichtigsten Eigenschaften und Fähigkeiten für den Telefondienst lassen sich in fünf Punkten zusammenfassen. Eine Umfrage hat dies ergeben.

Die Sekretärin soll:

- freundlich sein,
- interessiert sein,
- gewandt sein,
- Geduld haben,
- eine schnelle Auffassungsgabe besitzen.

Unbedingt notwendig sind:

- Kenntnisse über die eigene Firma,
- Informationen über die Zusammenhänge,
- Beherrschung der Technik.

Eine Sekretärin, die mitdenkt, wird bei der Frage, ob telefoniert oder geschrieben werden soll, Kosten und Sachlage gegenüberstellen. Wenn es sich um eine kurze Nachricht handelt, könnte ein Telefongespräch — auch ein Ferngespräch — kostengünstiger sein als der Brief. Wenn ein Durchschlag für die Ablage wichtig ist, wird sie es vorziehen zu schreiben.

Eine eilige Information wird auf jeden Fall telefonisch, fernschriftlich oder telegrafisch erfolgen oder gefaxt. Der Kostenvergleich setzt ständig aktuelles Kosten- und Telefongebühren-Wissen voraus. Wissen Sie, wieviel ein Drei-Minuten-Gespräch am Tage innerhalb Deutschlands (weiteste Entfernung) kostet? Tests bei Sekretärinnen, aber auch bei Führungskräften, ergeben erschreckende Resultate. Es wird geraten; von DM 12,— bis DM 25,— ist alles schon gesagt worden. Die wirklichen Kosten sind viel geringer! (Bitte vergleichen Sie die neuesten Postgebühren mit Ihrer Schätzung.) Dabei stellt sich immer wieder heraus: Telefonieren ist nicht teuer. Es wird nur dann teuer, wenn unvorbereitet und ohne Rücksicht auf die Zeit telefoniert wird.

Bei Gesprächen und besonders Ferngesprächen stehen drei Fragen im Vordergrund:

- Was wollen Sie sagen?
- Wie lange dauert das?
- Was kostet das?

Besondere Bedeutung kommt schwierigen Situationen zu, die sich oft telefonisch besser klären lassen als schriftlich. In diesen Fällen werden von der Sekretärin Entscheidungsfreudigkeit und Fingerspitzengefühl verlangt.

Erwartungen beim Telefonieren

Der erste Schritt auf dem Weg zur erfolgreichen Kommunikation ist immer — ob Sie jetzt aktiv oder passiv telefonieren — das Versetzen in die Lage und Situation des anderen. Darauf wird die eigene Reaktion aufgebaut. Auch die eigene Erwartung an das Verhalten des anderen spielt eine wichtige Rolle.

Es gibt Probleme, wenn das *Fremdbild* (sowohl das eigene wie auch das des anderen!) verletzt wird, die Erwartungen des anderen nicht erfüllt werden. Welche Erwartungen könnte jeder am Telefonieren Beteiligte haben?

Vergleichen Sie Ihre Überlegungen mit dem Überblick.

Überblick
Erwartungen beim Telefonieren

Der Chef erwartet
- Chefentlastung
- gute Kommunikation
- schnelle Erledigung
- Vorarbeit
- Abschirmen
- Kontakt herstellen
- Selbständigkeit
- Höflichkeit
- Beherrschen der Regeln
- Informationen

Die Firma erwartet
- imageförderndes Verhalten
- Loyalität
- korrekte Abwicklung
- Sachlichkeit
- Diskretion
- Zurückhaltung
- Engagement

Der Anrufer erwartet
- schnelle Hilfe
- präzise Informationen
- Konzentration auf sein Problem
- Verständnis
- Problemlösung
- Entgegenkommendes Verhalten

Was die Sekretärin vom Anrufer erwartet
- Nennen des Namens
- Klares Formulieren der Wünsche
- Höflichkeit
- Anerkennung ihrer Rolle

Regeln für das Telefonieren

Wenn die Erwartungen aller Beteiligten erfüllt werden sollen, ist psychologisches Einfühlungsvermögen unerläßlich. Der Anrufer hofft auf die Lösung seines Problems, aber wie können Sie ihm helfen, ohne die Erwartungen anderer zu verletzen?

Jeder wünscht sich positive Antworten auf seine Fragen, Informationen, freundliches Verhalten und individuelle Behandlung. Ihre Aufgabe ist es, die Vorstellungen zu koordinieren. Auch hier kann eine Checkliste nützlich sein, die dann aber auch in die Organisationshandakte gehört. Sie sollte laufend anhand von Fallbeispielen ergänzt werden und hilft so auch Ihrer Vertretung.

Bitte stellen Sie selbst eine Checkliste zusammen.

Checkliste
Regeln für das Telefonieren

Denken Sie an den Chef.

- Ist er telefonisch erreichbar?
- Will er ungestört sein?
- Wissen Sie, wann er wiederkommt?
- Entlasten Sie ihn soweit wie möglich?
- Haben Sie eindeutige Anweisungen für besondere Situationen?
- Sind Sie über Wichtiges informiert?

Denken Sie an den Betrieb.

- Immer das Image vor Augen haben.
- Die Kosten niedrig halten.
- Bescheid wissen über Organisation und Mitarbeiter, Aktuelles.
- Zuständigkeit im Griff haben.
- Technik beherrschen.
- Anwesenheit/Vertretung ist bekannt.

Denken Sie an den Anrufer.

- Höflich und freundlich sein,
- die Stimme heben,
- schnell verbinden,
- Wartezeiten vermeiden,
- aktiv zuhören,
- Hilfe anbieten,
- Zuständigkeit klären,
- präzise antworten,
- Namen wiederholen,
- gezielt fragen,
- Gesprächsinhalt bestätigen,
- nie die Geduld verlieren,
- positiv formulieren.

Denken Sie an den Sekretärinnen-Telefonknigge für aktives und passives Telefonieren.

- Technik beherrschen.
- Telefonstimme kontrollieren.
- Melden Sie sich korrekt.
- Sprechen Sie langsam und deutlich.
- Verwenden Sie das Buchstabieralphabet.
- Richten Sie sich in der Aussprache nach den Diktierregeln (z. B. bei Zahlen und Monaten).
- Halten Sie Schreibzeug und Telefonverzeichnisse bereit.
- Schreiben Sie Telefonnotizen.
- Notieren Sie alles genau.
- Wiederholen Sie Unklares.
- Bestätigen Sie Informationen.
- Reagieren Sie schnell.
- Üben Sie Geduld.
- Bereiten Sie aktive Gespräche vor.
- Wählen Sie günstige Zeiten.
- Schalten Sie Geräuschkulissen aus.
- Melden Sie sich ab, sorgen Sie für Vertretung, wenn Sie den Platz verlassen.
- Vermeiden Sie persönliche Reaktionen.
- Bleiben Sie neutral und freundlich.
- Klären Sie nie die Schuldfrage, lösen Sie das Problem (dem Anrufer gegenüber).
- Entschuldigen Sie sich überzeugend (auch für andere).
- Informieren Sie sich täglich neu über alles Notwendige.

Buchstabiertest

Beherrschen Sie das deutsche Buchstabieralphabet? Wenn Sie sich testen wollen, schreiben Sie das Alphabet — mit Umlauten — auf. Stoppen Sie die Zeit, die Sie zum Aufschreiben gebraucht haben: Wenn Sie das Buchstabieralphabet beherrschen, brauchen Sie dafür nicht länger als eine Minute und dreizehn Sekunden.

A	= ANTON		O	= OTTO
Ä	= ÄRGER		Ö	= ÖKONOM
B	= BERTA		P	= PAULA
C	= CÄSAR		Q	= QUELLE
CH	= CHARLOTTE		R	= RICHARD
D	= DORA		S	= SAMUEL
E	= EMIL		SCH	= SCHULE
F	= FRIEDRICH		T	= THEODOR
G	= GUSTAV		U	= ULRICH
H	= HEINRICH		Ü	= ÜBERMUT
I	= IDA		V	= VIKTOR
J	= JULIUS		W	= WILHELM
K	= KAUFMANN		X	= XANTHIPPE
L	= LUDWIG		Y	= YPSILON
M	= MARTHA		Z	= ZACHARIAS
N	= NORDPOL			

Haben Sie die Änderungen beachtet?

K heißt nicht mehr *Konrad* sondern *Kaufmann*, *S* nicht mehr *Siegfried* sondern *Samuel*, bei *Z* heißt es nicht mehr *Zeppelin* sondern *Zacharias*.

Internationales Buchstabieralphabet

	Deutsch	Englisch	Amerikanisch	International	Internatio-nal (aero)	NATO
A	Anton	Andrew	Abel('eibel)	Amsterdam	Alfa	Alfa
Ä	Ärger					
B	Berta	Benjamin	Baker	Baltimore	Bravo	Bravo
C	Cäsar	Charlie	Charlie	Casablanca	Coca	Charlie
Ch	Charlotte					
D	Dora	David	Dog	Dänemark	Delta	Delta
E	Emil	Edward	Easy	Edison	Echo	Echo
F	Friedrich	Frederick	Fox	Florida	Foxtrot	Foxtrot
G	Gustav	George	George	Gallipoli	Golf	Golf
H	Heinrich	Harry	How	Havanna	Hotel	Hotel
I	Ida	Isaac	Item	Italia	India	India
J	Julius	Jack	Jig	Jerusalem	Juliet	Juliet
K	Kaufmann	King	King	Kilogramm	Kilo	Kilo
L	Ludwig	Lucy	Love	Liverpool	Lima	Lima
M	Martha	Mary	Mike	Madagaskar	Metro	Mike
N	Nordpol	Nellie	Nan	New York	Nectar	November
O	Otto	Oliver	Oboe	Oslo	Oscar	Oscar
Ö	Ökonom		('oubou)			
P	Paula	Peter	Peter	Paris	Papa	Papa
Q	Quelle	Queenie	Queen	Quebec	Quebec	Quebec
R	Richard	Robert	Roger	Roma	Romeo	Romeo
S	Samuel	Sugar	Sugar	Santiago	Sierra	Sierra
Sch	Schule					
T	Theodor	Tommy	Tare	Tripoli	Tango	Tango
U	Ulrich	Uncle	Uncle	Uppsala	Union	Uniform
Ü	Übermut					
V	Viktor	Victor	Victor	Valencia	Victor	Victor
W	Wilhelm	William	William	Washington	Whiskey	Whiskey
X	Xanthippe	Xmas	X(eks)	Xanthippe	Extra	X-Ray
Y	Ypsilon	Yellow	Yoke	Yokohama	Yankee	Yankee
Z	Zeppelin	Zebra	Zebra	Zürich	Zulu	Zulu

Telefonsituationen

Bitte decken Sie die Antworten zunächst ab, vergleichen Sie sie dann mit Ihrer Lösung.

Fallbeispiele	
Situation	*Was tun Sie?*
Sie telefonieren und ein Besucher kommt.	Keinesfalls ohne Erklärung weitersprechen. Unterbrechen Sie das Gespräch (auch Zeichensprache ist möglich), entschuldigen Sie sich. Bitten Sie ihn Platz zu nehmen, zu warten etc. Besser: Beenden Sie das Gespräch und kümmern Sie sich um den Besucher. Dann können Sie weiterarbeiten.
Ein Kunde beschwert sich telefonisch mit einem Wortschwall. Es geht um Dinge, die Sie nicht betreffen.	Sie lassen ihn trotzdem ausreden, verbinden ihn weiter, berichten aber über das Gespräch, damit er nicht nochmal alles erzählen muß.
Es kommt ein Gespräch für den Chef, der gerade telefoniert.	Sie fragen: *Herr X spricht gerade, wollen Sie warten?* Sie schalten sich wieder ein, wenn das Gespräch länger dauert und fragen: *Kann ich etwas für Sie tun?* oder *Können wir Sie anrufen?* oder *Wollen Sie noch warten?*
Ein Anrufer will den Chef sprechen, nennt aber seinen Namen nicht.	Sie bitten um den Namen, wenn nötig mit dem freundlichen Hinweis, daß Sie entsprechende Anweisungen dafür haben. Bitten Sie auch um ein Stichwort, worum es geht, damit Sie verbinden können.

Situation	Was tun Sie?
Während eines Ortsgesprächs kommt ein weiteres Gespräch — ein Ferngespräch — für den Chef.	Sie unterbrechen und informieren über das Gespräch. Er wird selbst entscheiden, ob er weitersprechen will.
Während einer Sitzung kommt ein wirklich dringendes Gespräch für den Chef, der nicht gestört werden will.	Sie bitten den Anrufer zu warten und legen dem Chef einen Zettel hin, oder Sie informieren den Anrufer über die Sitzungspausen oder das Ende der Sitzung.
Ein Anrufer möchte den Chef sprechen, der noch beim Mittagessen ist. Er hat schon zweimal vergeblich angerufen.	Sie bieten an, das Gespräch zu vermitteln, wenn der Chef wieder da ist.
Sie haben einem Kunden eine falsche Auskunft gegeben und wollen den Fehler wieder gutmachen.	In diesem Fall ist ein Anruf günstiger als ein Brief. Dabei können Sie alle Mißverständnisse besser ausräumen.
Der Arbeitgeber verbietet private Gespräche während der Arbeitszeit.	Dazu ist er berechtigt, wenn die Gespräche überhand nehmen. Er kann verlangen, daß in den Pausen telefoniert wird.
Es geht um eine Rückfrage. Die Unterlagen des Kunden sind in einer anderen Abteilung.	Sie lassen den Kunden nicht warten, sondern bieten an, zurückzurufen, wenn Sie die Unterlagen geholt haben.
Sie sind beim Chef und es kommt ein privates Gespräch für Sie.	Sie bieten an, später anzurufen, Sie fassen sich kurz, oder Sie vermeiden solche Situationen und bitten darum, Gespräche nicht durchzustellen.
Der Personalchef einer fremden Firma ruft an, um sich über eine frühere Kollegin zu informieren.	Solche Auskünfte stehen Ihnen nicht zu. Verhalten Sie sich neutral, verweisen Sie auf Ihren Chef mit der Begründung, Sie seien nicht zuständig.

▷

Situation	Was tun Sie?
Der Chef arbeitet zu Hause. Ein Anrufer bittet dringend um seine private Telefonnummer.	Sie versprechen, sich persönlich zu kümmern, bieten Rückruf an und vergewissern sich beim Chef.
Ein Anrufer, der einen Doktortitel hat, meldet sich ohne Titel. Wie reden Sie ihn an?	Falls es Ihnen bekannt ist mit dem Doktortitel.
Ihr Chef will nicht gestört sein. Ein Ihnen nicht bekannter Geschäftsfreund fragt, ob der Chef da ist.	Sie gebrauchen keine Ausreden oder Formulierungen wie *Ich muß mal sehen, ob er da ist*; besser ist es, Sie erklären ehrlich die Situation und fragen ihn, ob Sie es trotzdem versuchen sollen oder ob ein Rückruf möglich sei. Keinesfalls sagen *Ich kann nicht stören.*
Sie sollen für einen Besucher ein Ferngespräch vermitteln.	Damit Sie schnell verbunden werden, sagen Sie, von wo Sie anrufen.
Die Sachbearbeiterin der Krankenkasse fragt nach dem Geburtsdatum eines Mitarbeiters.	Es besteht Datenschutz. Sie müssen sich vergewissern, mit wem Sie reden. Eventuell Telefonnummer sagen lassen oder schriftlich erledigen.

Bitte ergänzen Sie die Fallbeispiele durch weitere Alltagssituationen.

Besprechen Sie Ihre Lösungsvorschläge mit Kolleginnen und dem Chef. Dadurch bekommen Sie einen guten, umfangreichen Katalog von Möglichkeiten.

Telefonieren mit Ausländern

Standardformulierungen in anderen Sprachen sollten griffbereit sein, wenn die fremde Sprache nicht perfekt beherrscht wird. Am Telefonarbeitsplatz sorgen Checklisten in englisch, französisch, italienisch, spanisch für eine schnellere Verständigung. Vorschläge für mögliche Checklisten können nach eigenen Anforderungen abgewandelt werden. Vielleicht lesen Sie einmal die Beispiele und entscheiden dann selbst, was für Sie wichtig ist.

Telefon-Checkliste deutsch – englisch

Der Anrufer spricht: Er nennt seinen Namen nicht. Sie fragen nach dem Namen. Sie haben den Namen nicht verstanden.	Who is speaking, please? What's your name please? Who shall I say is calling? Sorry, I didn't get your name / Sorry, I didn't understand your name.
Der Anrufer fragt nach dem Chef, der nicht da ist. Sie informieren ihn und bieten Hilfe an.	I'm afraid, he's out in the moment / I'm sorry, he's not in the office / I'm sorry, he's on holiday / I'm sorry, he left the office / I'm sorry, he hasn't yet arrived / Can I help you?
Der Chef ist in einer Sitzung.	I'm sorry, he's in a meeting.
Sie können nicht weiterverbinden, weil besetzt ist.	I'm sorry, his line is engaged / He's speaking on the other line / I'm afraid, the line is engaged.
Sie fragen, ob der Anrufer warten will.	Will you hold on? / Do you want to wait?
Sie bitten den Anrufer, es später zu versuchen.	Could you try again later?
Sie fragen, ob Sie etwas ausrichten können.	Would you like to leave a message?
Sie fragen, ob er jemand anders sprechen will.	Can someone else help you?
Sie fragen, ob er zurückgerufen werden will.	Can we call you back? /Can I ask him to call you back?
Sie fragen nach dem Namen, der Telefonnummer.	May I have your name? / May I have your telephone-number please?
Sie wollen den Anrufer etwas buchstabieren lassen.	Would you spell that please?

▷

Anrufer fragt nach Ihnen persönlich und Sie antworten: Ja, ich bin am Apparat.	Yes, that's me.
Sie antworten auf den Dank des Anrufers.	You 're welcome. / That's alright. / Don't mention it. / It was a pleasure.
Sie bedanken sich für den Anruf.	Thank you for calling / Thanks.
Sie müssen erst feststellen, ob der Chef da ist.	I'll check to see if he's in.
Sie verbinden weiter mit den Worten	I'll put you through / Hold on I connect you / Just a moment — hold on.
Sie rufen selbst an und grüßen	Hello — good morning / Hello — good afternoon / Hello — good evening
Sie wollen verbunden werden mit ...	Could you put me through to ... / Can I speak to ... / Would you connect me with ... / I'd like to speak to ...
Sie wollen einen Termin vereinbaren mit ...	I'd like to make an appointment for to see ... / Could I make an appointment with ... please
Sie wollen eine Nachricht hinterlassen für ...	I've a message for ... / Can I leave a note for ...
Sie verstehen schlecht	Could you speak louder, please? I'm sorry, I can hardly hear you / I'm afraid, we have a bad line.
Sie bitten um Wiederholung	Would you repeat that please? / I didn't understand you very well ...
Sie haben falsch gewählt	Sorry, I've dialled the wrong number
Anrufer hat sich verwählt	Sorry, wrong number
Sie wollen wissen, ob es ein Ortsgespräch/Ferngespräch ist	Is this a local call / long distance call?
Sie verabschieden sich	Good bye now / Goodbye / Bye (informal)

Telefon-Checkliste deutsch — spanisch

Der Anrufer nennt seinen Namen nicht: Sie fragen nach dem Namen. Sie haben den Namen nicht verstanden …	¿Con quien estoy hablando, por favor? ¿Como se llama usted? ¿Quien esta llamando? Lo siento, no he cogido bien su nombre / Lo siento, no he entendido su nombre.
Der Anrufer fragt nach dem Chef, der nicht da ist: Sie informieren den Anrufer — der Chef ist im Moment nicht da, er ist nicht im Büro, er ist im Urlaub, er ist noch nicht da. Sie bieten Ihre Hilfe an.	Me temo que esta fuera en este momento / Lo siento, no esta en la oficina / Lo siento, esta de vacaciones / Lo siento, ha salido / Lo siento, no ha vuelto todavía. ¿Puedo ayudarle en algo?
Der Chef ist in einer Sitzung.	Lo siento, esta en una reunión.
Sie können nicht weiterverbinden, weil besetzt ist: Er spricht auf der anderen Leitung, es ist besetzt.	Lo siento, su linea esta ocupada. Esta hablando por la otra linea. Me temo que su linea esta ocupada.
Sie fragen, ob der Anrufer warten will.	¿Puede esperarse un poco? ¿Quiere usted esperar un momento?
Sie bitten den Anrufer, es später noch einmal zu versuchen.	¿Podría intentar de llamar más tarde?
Sie fragen, ob Sie etwas ausrichten können.	¿Quiere dejar un recado?
Sie fragen, ob jemand anders helfen kann.	¿Podría alguien más ayudarle?
Sie fragen, ob er zurückgerufen werden will.	¿Podriamos llamarle más tarde?
Sie fragen nach dem Namen und der Telefonnummer.	¿Me podría dar su nombre? ¿Me podría dar su número de telefono?
Sie bitten den Anrufer zu buchstabieren.	¿Lo podría deleterar por favor?
Der Anrufer fragt nach Ihnen. Sie sagen: Ja, ich bin am Apparat.	Si, soy yo.

Sie antworten auf den Dank des Anrufers »gern geschehen«.	No hay de que / No se merece. De nada, ha sido un placer.
Sie bedanken sich für den Anruf.	Gracias por su llamada. Gracias.
Sie müssen erst feststellen, ob der Chef da ist.	Tengo que comprobar si esta en casa.
Sie verbinden weiter mit den Worten:	Un momento, le paso / Espere por favor, en seguida le comunico / Un momento sólo — espere por favor
Sie rufen selbst an und grüßen — je nach Tageszeit: morgens, nachmittags, abends.	Digame — buenos dias. Digame — buenas tardes. Digame — buenos noches.
Sie wollen verbunden werden mit ...	¿Me podría poner con ...? ¿Podría hablar con ...? ¿Podría ponerme con ...? Quisiera hablar con ...
Sie wollen einen Termin vereinbaren mit ...	Quisiera acordar una entrevista para encontrarme con ... ¿Podría acordar una cita con ... por favor
Sie wollen eine Nachricht hinterlassen für ...	Tengo un recado para ... ¿Puedo dejar una nota para ...?
Sie verstehen schlecht: Könnten Sie bitte etwas lauter sprechen. Es tut mir leid, ich kann Sie kaum verstehen. Es tut mir leid, die Verbindung ist schlecht.	¿Podría hablar más fuerte, por favor. Lo siento, apenas le oigo. Me temo que la linea esta averiada.
Sie bitten um Wiederholung.	¿Podría repetirlo, por favor? No le he entendido muy bien.
Sie haben falsch gewählt.	Lo siento, nos hemos equivocado de número.
Der Anrufer hat sich verwählt.	Lo siento, número equivocado.
Sie wollen wissen, ob es ein Orts- oder Ferngespräch ist.	¿Es esto una llamada local? ¿Es de larga distancia?
Sie verabschieden sich.	Adios / hasta la vista.

Telefon-Checkliste deutsch — französisch

Der Anrufer spricht: Er nennt seinen Namen nicht. Sie fragen nach dem Namen. Sie haben den Namen nicht verstanden.	Qui est à l'appareil, s'il vous plaît? / Quel est votre nom, s'il vous plaît? / Répétez votre nom, s'il vous plaît? / Excusez moi, s'il vous plaît? / Je n'ai pas compris votre nom.
Der Anrufer fragt nach dem Chef, der nicht da ist. Sie informieren ihn und bieten Hilfe an.	Monsieur X. n'est pas là. / Monsieur X. est en vacances. / Monsieur X. a quitté le bureau. / Monsieur X. n'est pas arrivé encore. / Monsieur X. sera au bureau à … heures. Je peux faire quelque chose pour vous?
Der Chef ist in einer Sitzung.	Le patron est dans une reunion.
Sie können nicht weiterverbinden, weil besetzt ist.	Excusez-moi, la ligne est occupée.
Sie fragen, ob der Anrufer warten will.	Voulez-vous attendre?
Sie bitten den Anrufer, es später zu versuchen.	Vous pourriez rappeler plus tard?
Sie fragen, ob Sie etwas ausrichten können. Worum geht es?	Vous voulez laisser un message? C'est à quel sujet?
Sie fragen, ob er jemand anders sprechen will.	Voudriez-vous parler avec quelqu'un d'autre?
Sie fragen, ob er zurückgerufen werden will.	Voudriez-vous qu'on vous rappèlle?
Sie fragen nach dem Namen, der Telefonnummer.	Quel est votre nom, et votre numero de telephone, s'il vous plaît?
Sie wollen den Anrufer buchstabieren lassen (den Namen).	Epelez-moi (votre nom …) s'il vous plaît?
Anrufer fragt nach Ihnen persönlich und Sie antworten: Ja, ich bin am Apparat	Qui, c'est moi.
Sie antworten auf den Dank des Anrufers.	Je vous en price.

▷

Sie bedanken sich für den Anruf.	Je vous remercie. Merci.
Sie müssen erst feststellen, ob der Chef da ist.	Je vais voir s'il est là.
Sie verbinden weiter mit den Worten:	Un moment, ne quittez pas, s'il vous plaît.
Sue rufen selbst an und grüßen:	Allô! Bonjour / Bonsoir.
Sie wollen verbunden werden mit ...	Donnez-moi ... s'il vous plaît. Je voudrais parler à ... s'il vous plaît.
Sie wollen einen Termin vereinbaren mit ...	Je voudrais prendre un rendez-vous avec ... à ... heures.
Sie wollen eine Nachricht hinterlassen für ...	Je voudrais laisser un message pour ...
Sie verstehen schlecht.	La communication est mauvaise.
Sie bitten um Wiederholung.	Répétez, s'il vous plaît.
Sie haben falsch gewählt.	Excusez-moi, je me suis trompé(e).
Anrufer hat sich verwählt.	Vous vous êtes trompé(e).
Sie wollen wissen, ob es ein Ortsgespräch/Ferngespräch ist.	Vous telephonez de près? Vous telephonez de loin?
Sie verabschieden sich.	Au-revoir. / A bientôt (bis bald). A demain (bis morgen).

Telefon-Checkliste deutsch — italienisch

Sie teilen dem Anrufer mit, daß Sie nicht sehr gut italienisch sprechen.	Mi scusi, non parlo bene italiano.
Der Anrufer nennt seinen Namen nicht. Sie fragen nach dem Namen.	Pronto? Chi parla?
Sie haben den Namen nicht verstanden.	Non ho capito il Suo nome, vuole ripetere per favore.
Der Anrufer fragt nach dem Chef, der nicht da ist. Sie informieren ihn und bieten Hilfe an:	
Wen wollen Sie sprechen?	Con chi vuole parlare?
Es tut mir leid, Herr X. ist leider nicht da.	Mi dispiace il Signor X. non c'è ... / Signor X. è uscito.
Er ist außer Haus ... im Urlaub ... er kommt in 10 Minuten wieder.	E'fuori ... è in ferie ... rienta fra 10 (dieci) minuti.
Der Chef ist in einer Sitzung.	Il Signor è in una riunione.
Sie können nicht weiterverbinden, weil besetzt ist.	Non posso passarla perchè la linea è occupata.
Sie fragen, ob der Anrufer warten will.	Può aspettare un attimo?
Sie bitten den Anrufer, es später zu versuchen (10 Minuten oder 1 Stunde).	Potrebbe richiamare fra 10 (dieci) minuti/fra un oretta.
Sie fragen, ob Sie etwas ausrichten können.	Vuole lasciare un messaggio?
Sie fragen, ob er jemand anders sprechen will.	Vuole parlare con qualche altra persona?
Kann ich Ihnen behilflich sein?	Posso esserla utile io?
Sie fragen, ob er zurückgerufen werden will.	Vuole essere richiamato?
Sie fragen nach dem Namen, der Vorwahl und Telefonnummer.	Vuole lasciare il Suo nome, il Suo prefisso, il Suo numero di telefono?
Sie wollen den Anrufer etwas buchstabieren lassen.	Può sillabare per favore?

▷

239

Anrufer fragt nach Ihnen persönlich und Sie antworten: Ja, ich bin am Apparat.	Sono io, personalmente.
Sie bedanken sich für den Anruf.	Grazie per la Sua telefonata.
Sie müssen erst feststellen, ob der Chef da ist.	Voglia, per cortesia, aspettare un attimo, vedo se c'è il Signor ...
Sie verbinden weiter mit den Worten ...	Un momento, per favore ...
Sie rufen selbst an und grüßen:	Pronto, parla la Signora ..., vorrei parlare con il/la Signor(a) ... Sono (Name) della ... (Firma). Potrebbe passarmi al Signor(a)
Sie wollen verbunden werden mit ...	Mi puo' mettere in communicazione con il/la Signor(a) ...
Sie wollen einen Termin vereinbaren mit ...	Desidera fissare un incontro con il/la Signor(a) ...
Sie wollen eine Nachricht hinterlassen für ...	Posso lasciare un messaggio ...?
Sie verstehen schlecht.	Capisco molto male. La linea è disturbata.
Sie bitten zu wiederholen.	Vuole ripetere, per favore?
Sie haben falsch gewählt.	Mi scusi, ho sbagliato di numero.
Anrufer hat sich verwählt.	Lei ha sbagliato di numero.
Sie wollen wissen, ob es ein Ortsgespräch/Ferngespräch ist.	Sta chiamando dalla città o da fuori?
Sie verabschieden sich.	Grazie, arrivederla ...

An	
Datum	Uhrzeit

Erhaltener Anruf

von

Herr/Frau/Frl.

Telefon

ruft wieder an ☐ wann _____ rief zurück ☐

erbittet Rückruf ☐ wann _____ möchte Sie treffen ☐

_____

_____

_____

_____

_____

_____

_____

_____

_____

_____

Erledigt:

_____

_____

_____

© memoform Mühlstraße 25 · 8918 Dießen · Tel. (0 88 07) 50 22 · Best.-Nr. 961202

Formular von memoform

Anruf von

☐ ruft wieder an   am/um _____

☐ bittet um Anruf   ☎ Nr. _____

Weiter an

Aufgenommen von:

Erledigt durch
☐ Anruf _____   Datum
☐ Brief
☐ Besuch _____   Zchn.

Vordruck von Zweckform

Welcher Text für Ihren Anrufbeantworter?

»Wenn Sie mir jetzt keine Nachricht hinterlassen wollen, haben Sie nach dem Pfeifton 30 Sekunden Zeit, nichts zu sagen. Bitte schweigen Sie jetzt ...«

So formulierte der Kabarettist Jörg Hube einen Text für den Anrufbeantworter. Woran liegt es eigentlich, daß trotz freundlicher Aufforderung Anrufer auflegen, ohne eine Nachricht zu hinterlassen? Liegt es daran, daß man lieber gleich einen Dialog haben möchte? Ist der Anrufer vielleicht nicht richtig vorbereitet (mit Checkpunkten seiner Wünsche)? Oder ist vielleicht der Text auf dem Telefonautomaten zu negativ oder nichtssagend?

Einige Texte meiner letzten Anrufe habe ich unter diesen Gesichtspunkten unter die Lupe genommen:

»Bitte legen Sie nicht auf — Sie haben richtig gewählt ...«
= psychologisch geschickt

»Im Augenblick ist niemand in der Nähe, der Ihnen vielleicht antworten könnte ...«
= negativ

»Grüß Gott, hier spricht der automatische Anrufbeantworter ..., wir sind zur Zeit nicht zu erreichen ...«
= negativ (außerdem ist das Wort »automatischer« überflüssig und: der Anrufbeantworter kann nicht sprechen)

»Ich bin unterwegs. Bitte: Auf Pfeifton warten, Nachricht hinterlassen, jetzt sprechen ...«
= negativ, aber gute Kurzform

»Jetzt, wo gerade Sie anrufen, bin ich nicht da, schade. Machen wir das Beste daraus. Wenn es nachher piept, dann sagen Sie mir bitte ...«
= zu lang

»Telefonautomat 52 11 95. Ihr Anruf ist mir sehr wichtig. Bitte hinterlassen Sie Ihre Nachricht nach dem Signal — ich rufe Sie heute noch an.«
= kurz und positiv

»Sie sind mit der elektronischen Sekretärin verbunden. Hinterlassen Sie eine Nachricht? Ich melde mich noch heute.«
= gut und präzise

Beispiele gäbe es viele. Was sagen Sie nun? Einige Punkte sollten Sie beim Formulieren beachten:

1. Formulieren Sie positiv. Sagen Sie, wann Sie erreichbar sind, wann Sie sich »melden« (daß Sie leider nicht da sind, weiß der Anrufer, sonst wäre der Telefonautomat nicht dran). Sagen Sie nicht, was nicht geht, besser, was geht.

2. Sprechen Sie kurze Formulierungen auf Band, zu lange Texte ärgern den Anrufer, sie kosten sein Geld.

3. Fällt Ihnen eine Frage als Text ein? (Z.B. »Was kann ich für Sie tun?«) Dann antwortet der Anrufer leichter.

4. Können Sie den Anrufer auffordern, etwas zu tun? (Z.B. »Rufen Sie mich um 13 Uhr noch einmal an?«)

5. Geben Sie immer präzise Informationen. Wenn Sie nur sagen, Sie seien nicht da, könnten Sie auch vier Wochen verreist sein.

6. Konzentrieren Sie sich auf Wesentliches. Telefonnummer und Name oder Firma ist doppelt gemoppelt, der Anrufer soll ja nur wissen, daß er richtig gewählt hat. Musik im Hintergrund beruhigt den Anrufer nicht, dafür legt er sich lieber eine Platte auf.

7. Sprechen Sie nicht gehetzt und atemlos oder mit Grabesstimme (besser mit der fröhlichen Morgenstimme von Sabine Sauer in Bayern 3). Der Anrufer soll einen positiven Eindruck bekommen. Heben Sie die Stimme am Schluß des Satzes. Versuchen Sie ihm seinen Frust zu nehmen, wenn er Sie nicht erreicht.

Die Hersteller von Telefonautomaten schlagen Formulierungen vor. Zettler hat eine Broschüre zusammengestellt, einen kleinen Ratgeber für den Umgang mit Anrufbeantwortern. Unter dem Titel: »Was sagen Sie nun?« werden Formulierungen vorgeschlagen. Hier können Sie wählen, was Ihnen gefällt, die Aussagen mit diesen Empfehlungen vergleichen und entsprechend abwandeln.

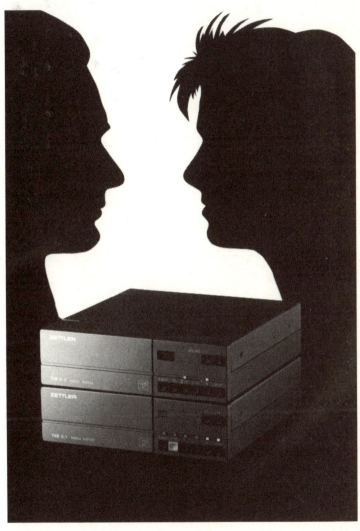

Dialogfähiger Anrufbeantworter von Zettler

Was sagen Sie nun ?

Kleiner Ratgeber
für den Umgang
mit Anrufbeantwortern

ZETTLER

Telefonieren und Chefentlastung

Überblick zur Selbsteinschätzung
(nach der gesetzlichen Verordnung »Geprüfte Sekretärin«)

Die Sekretärin

- kann rationell telefonieren
- geht perfekt mit Telefon- und Sprechanlagen um
- vermeidet organisatorische Fehler
- bereitet Gespräche vor
- beachtet Sprechregeln
- verhält sich psychologisch geschickt
- formuliert korrekte Telefonnotizen.

Kapitel II

Etikette

Je höher eine Sekretariatsaufgabe bewertet wird, um so mehr wird die Sekretärin versuchen, dieser Aufgabe gerecht zu werden. Das wissen Chefs, die ihre Sekretärin entsprechend einweisen, einsetzen, informieren, anerkennen und auch loben.

Wer Besucherempfang und Gästebetreuung dem Zufall überläßt, der hat keine perfekte Sekretärin nötig. Wer aber besonderen Wert auf Chefentlastung, Firmenimage und Umgangsformen legt, kann nur eine — auf allen Gebieten — sichere, gewandte Sekretärin gebrauchen. Und diesem Chef gefällt es besonders, wenn seine Besucher sich positiv über seine Sekretärin äußern.

Wie weit die Betreuung der Gäste von der Sekretärin wahrgenommen wird, hängt von der Situation des Hauses ab. Im allgemeinen wird angenommen, die Bewirtung von Gästen würde nur in kleineren Firmen erwartet, weil größere dafür ihre Kasinos haben. Ein interessantes Beispiel, was engagierte Sekretärinnen können, wenn sie nur wollen, erlebte ich in einer pharmazeutischen Firma in München. Die Firma erkundigte sich nach Schulungsmöglichkeiten für Sekretärinnen und besonders nach einem Servierkurs sowie Umgangsformen bei der Gästebewirtung. Für die Schulung wurde dann ein Fachmann einer Hotelfachschule herangezogen. Sekretärinnen aller Abteilungen nahmen teil — zunächst etwas ablehnend, dann mehr und mehr begeistert. Heute servieren diese Sekretärinnen, wenn internationale Gäste — Akademiker aus aller Welt — in ihrer Firma zu Besuch sind. Die Gäste staunen, was Sekretärinnen — außer ihrem Fachwissen — für charmante Qualitäten entwickeln.

Das war nur ein — vielleicht seltenes — Beispiel vieler Möglichkeiten. Auf jeden Fall kommt es darauf an: Für den Besucher sollten Chef und Sekretärin den Eindruck eines eingespielten Teams machen. Dazu gehören harmonisches Betriebsklima, perfekte Organisation, sympathisches, sicheres Verhalten und die Einstellung: Der Gast, der Besucher ist der wichtigste Mensch (in diesem Augenblick).

Das sichere Auftreten und Verhalten
Umgangsformen im Beruf heute

Es heißt: *Der erste Eindruck entscheidet, der letzte bleibt.* Aber auch dazwischen liegen Eindrücke, die man bewußt steuern kann, um seine Mitmenschen für sich zu gewinnen. Dazu gehören Grundkenntnisse der Verhaltenspsychologie, der Rhetorik, eine offene Sympathie im Umgang mit anderen und nicht zuletzt die Anwendung eines zeitgemäßen *Knigge.* Viele Umgangsformen von gestern sind heute nicht mehr gültig; durch unsere hochindustrialisierte Umwelt (die Amerikaner sagen: high tech — high touch = viel Technik — viel Gefühl) haben sich zwangsläufig viele Dinge grundlegend geändert. Die Umgangsformen sind zu Spielregeln geworden, die jeder beherrschen muß, um beruflichen Erfolg zu haben. Sicherheit im Auftreten hängt vom Know-how ab, und das ist gar nicht so einfach zu erwerben: Angeborene Sicherheit genügt nicht!

Für uns kommt das sichere Auftreten und Verhalten im Berufsleben in Frage. Die Sekretärin braucht es beim Umgang mit Kunden, bei Konferenzen, auf Reisen, überall dort, wo sie Assistentin und Repräsentantin des Chefs ist. Die einschlägigen Nachschlagwerke gehen vom gesellschaftlichen Leben und nicht vom Berufsleben aus. Der gute alte *Knigge* ist kein Benimm-Buch, wie allgemein angenommen wird, sondern eine außerordentlich klug und höchst amüsant geschriebene Psychologie des Alltags. Die *Etikette* von Pappritz gilt als Nachschlagewerk für gesellschaftliche Umgangsformen.

Ein Nachschlagewerk für Sekretärinnen *Umgangsformen im Sekretariat* würde eine Lücke schließen. Dabei ist es gar nicht so einfach, allgemeingültige Empfehlungen für die verschiedenen möglichen Situationen zu geben.

Aus Seminaren weiß ich, daß bei Anfangssekretärinnen schon Zweifel beim Empfang eines Besuchers beginnen:

- Soll die Sekretärin aufstehen oder sitzenbleiben?
- Soll die Sekretärin dem Besucher die Hand geben oder nicht?
- Soll sie ihm/ihr den Mantel abnehmen oder ihm/ihr den Kleiderbügel in die Hand drücken?
- Soll sie ihn unterhalten, während er wartet, oder weiterarbeiten?

Versierte Kolleginnen mögen über diese Fragen lächeln. Wer Zweifel hat, sollte ruhig einmal ein Sekretärinnen-Seminar besuchen. Es können alle Fragen gestellt und diskutiert werden, es gibt immer einen lebhaften Erfahrungsaustausch.

Ich bespreche im Rahmen dieses Buches — nach einem Test zur Selbsteinschätzung — besonders Fragen, die richtiges Anreden, Begrüßen und Vorstellen betreffen. Ein Sprichwort sagt: *Wie man in den Wald ruft, so schallt es heraus.* Abgewandelt könnte es heißen: *Wie man jemanden anredet oder begrüßt, empfängt und betreut, so wird er reagieren.*

Für den Chef ist eine Sekretärin, die sicher und gewandt auftritt, ein gutes Aushängeschild. Denn vom Verhalten der Sekretärin hängen auch das Image des Chefs und das des Betriebes ab.

Test Umgangsformen
15 Fragen zur Selbsteinschätzung

Bitte kreuzen Sie Ihre Antworten an und begründen Sie Ihre Entscheidung. Mögliche Antworten finden Sie in den anschließenden Lösungen.

	Ja	Nein
1. Sind Sie sicher, daß Ihre Umgangsformen den heutigen Regeln entsprechen?		
2. Informieren Sie sich laufend über Veränderungen der Umgangsformen?		
3. Kennen Sie Umgangsformen, die überholt sind?		
4. Haben Kleidung und Körperpflege Einfluß auf den beruflichen Erfolg?		
5. Kleiden Sie sich lieber modisch als konservativ?		
6. Kennen Sie den Unterschied zwischen Titeln und Berufsbezeichnungen?		
7. Machen Sie Unterschiede bei der Begrüßung von Vorgesetzten und Gleichgestellten?		
8. Haben Sie ein gutes Namensgedächtnis?		
9. Erinnern Sie sich an eine Gelegenheit, bei der andere durch schlechte Umgangsformen, unpassende Kleidung oder mangelhafte Körperpflege einen persönlichen Mißerfolg hatten?		
10. Würden Sie jemandem, der unpassend gekleidet ist oder dessen Körperpflege mangelhaft ist, darauf aufmerksam machen?		
11. Gibt es Situationen, in denen korrekte Umgangsformen nicht angebracht sind?		
12. Wenden Sie gute Umgangsformen auch im privaten und familiären Bereich an?		
13. Können sich falsche Anschrift und falsche Anrede im Brief negativ auf den Absender auswirken?		
14. Kennen Sie (berufliche) Umgangsformen, die im Ausland anders sind als bei uns?		
15. Wie verhalten Sie sich, wenn ein Besucher aggressiv wird, weil er zu lange warten muß: Haben Sie ein Recht ihn zurechtzuweisen?		

15 Antworten zum Test Umgangsformen

1. Wenn die Antwort nicht *Ja* heißt, finden Sie heraus, woran es liegt.

2. Ja. Wenn Sie Fragen haben, sollten Sie sich an Bildungseinrichtungen, Sekretärinnenschulen oder -verbände wenden.

3. Ja. Viele gesellschaftliche Umgangsformen sind im Berufsleben nicht anwendbar. Oder stehen vielleicht alle Herren auf, wenn die Sekretärin hereinkommt oder das Zimmer verläßt? Öffnet Ihnen Ihr Partner vielleicht immer die Autotür zum Aussteigen auch an einer Kreuzung? Machen Kinder heute noch einen Knicks oder einen Diener bei der Begrüßung?

4. Ja und nein. Es kommt auf den Beruf an. Mit Sicherheit *Ja* bei allen Berufen, die mit Kontakten zu tun haben.

5. Kann Ja und Nein sein. Es muß nur zum Beruf und jeweiligen Anlaß passen.

6. Hoffentlich *Ja*. Titel müssen erworben werden oder sind angeboren und werden zusammen mit dem Namen genannt. Berufsbezeichnungen gehören nicht direkt zum Namen, sie können ihn in bestimmten Fällen ergänzen oder ersetzen.

7. Ja. Vorgesetzte werden im allgemeinen distanzierter begrüßt als Gleichgestellte. Das kann aber vom Führungsstil des Hauses abhängen.

8. Ja. Bitte informieren Sie sich über Verbesserungsmöglichkeiten, wenn Sie sich für Nein entschieden haben.

9. Ja und Nein. Wenn *Nein*: Kann es sein, daß Sie bisher noch nicht darauf geachtet haben?

10. Wenn Sie ihm damit helfen können: *Ja*. Sonst geht es Sie nichts an. Sie helfen dem anderen in jedem Fall, wenn Sie es verstehen, sich richtig auszudrücken.

11. Nein. Ja-Ausnahme: Extreme Situationen, z.B. wenn Sie bedroht werden.

12. Ja. Auch wenn es schwerfällt. Das gilt besonders für Herren als Beifahrer.

13. Mit Sicherheit *Ja*.

14. Da gibt es von Land zu Land sehr verschiedene Umgangsformen. In Amerika wird die Sekretärin im Büro mit dem Vornamen angeredet. Am Telefon sagt der Anrufer nicht seinen Namen, wenn er nach dem Chef fragt. Für Auslandsreisen mit dem Chef sollte man sich vorher nach den Landessitten, auch den beruflichen, erkundigen.

15. Zu den ungeschriebenen Spielregeln gehört es, daß eine Sekretärin nie die Fassung verliert und sich diplomatisch verhält.

Vorstellungspraktikum
Wie stellen Sie sich und andere vor?

Sekretärinnen kommen im Berufsleben immer wieder in Situationen, bei denen sie jemanden vorstellen oder Personen miteinander bekanntmachen müssen. Damit Sie eine Übersicht über die richtige Vorstellungsweise bekommen, sind Fragen und Antworten gegenübergestellt. Bitte decken Sie auch hier die Antworten zunächst ab. Versuchen Sie die Fragen selbst zu beantworten. Ergänzen Sie die Situationen nach Ihren eigenen Vorstellungen.

Fragen und Antworten zum Vorstellungspraktikum

Fragen	Antworten
1. Nennen Sie den Unterschied zwischen *vorstellen* und *bekanntmachen*.	*Vorstellen* kann man Personen mit unterschiedlichem Rang und Alter — *Bekanntmachen* nur Gleichgestellte.
2. Welche Reihenfolge gilt für eine geschäftliche Besprechung: Nennen Sie zuerst den Namen der Person oder den Namen der Firma? Oder genügt der Name der Person?	Zuerst den Namen der Person. Zusätzliches Nennen der Firma ist zu empfehlen und baut eine Brücke für Gespräche.
3. Wie werden Personen untereinander vorgestellt/bekanntgemacht?	Der Rangniedrigere dem Ranghöheren, der Jüngere dem Älteren, der Hinzukommende dem Anwesenden, der Herr der Dame. Das Wort »bekanntmachen« ist problemloser als das Wort »vorstellen«: es setzt keine Rangordnung.
4. Welche Redewendungen kennen Sie und welche verwenden Sie bei der Vorstellung?	Darf ich Ihnen Frau/Herrn … vorstellen? Ich möchte Ihnen Frau/Herrn … vorstellen. Kennen Sie sich schon? Darf ich Sie bekanntmachen? Haben Sie sich schon bekannt gemacht?
5. Was sagen Sie, wenn Sie mit jemandem bekannt gemacht werden?	*Bitte nicht*: angenehm, sehr erfreut usw. *Besser*: ein einfaches *Guten Tag* oder etwas Wesentliches, Persönliches.
6. Wie stellen Sie sich selbst vor?	Außer dem Namen kann man noch den Vornamen, die Stellung oder Funktion oder eine private Information nennen.

Fragen	Antworten
7. Wird bei der Vorstellung der Name buchstabiert?	Selten. Es können aber auch Assoziationen hergestellt werden. Z.B.: *Mein Name ist Drechsler — wie der Handwerker.*
8. Werden bei der Vorstellung Titel genannt: a) wenn man vorgestellt wird? b) wenn man sich selbst vorstellt? c) am Telefon?	a) Ja b) Nein c) Ja und nein.
9. Wie machen Sie sich bekannt, wenn Sie in eine fremde Gruppe/Gesellschaft kommen?	a) Durch den Gastgeber/Veranstalter. b) Durch jemanden, der die Initiative ergreift — eventuell auf eigene Bitte. c) Sie stellen sich selbst vor.
10. Wann müssen sich Gesprächspartner nicht vorstellen?	In der Eisenbahn, im Flugzeug, im Wartezimmer.

Von der Begrüßung — als Assistentin des Chefs

In vielen Situationen kann die Sekretärin ihren Chef nicht *vertreten*; offiziell ist sie seine Assistentin, nicht seine Vertretung. Die richtige Begrüßung des Besuchers, des Kunden — in Vertretung des Chefs — wird jeder erwarten. Bitte antworten Sie bei den Fragen zur Begrüßung erst selbst und vergleichen Sie dann später.

Fragen und Antworten zur Begrüßung

Die Fragen sollen zu eigener Überlegung anregen und klären: Wie verhalten Sie sich? Sind Sie in allen Situationen sicher?

Fragen	Antworten
1. Nennen Sie den Unterschied zwischen *grüßen* und *begrüßen*.	*Grüßen:* kürzeste Form der Kommunikation. *Begrüßen:* setzt weitere Aktivitäten voraus, z. B. die Hand geben.
2. Genügt der Gruß, um Kontakt herzustellen?	Nein: Der Gruß ist eine flüchtige, aber wichtige Höflichkeitsform. Für einen Kontakt ist *Begrüßen* Voraussetzung.
3. Wer begrüßt wen? Chef + Mitarbeiter Vertreter + Kunde Dame + Herr Älterer + Jüngerer Einzelner + Gruppe Gastgeber + Gast	Je nach Situation: Der Chef begrüßt den Mitarbeiter. Der Kunde begrüßt den Vertreter. Die Dame begrüßt den Herrn, aber auch umgekehrt möglich. Der Ältere begrüßt den Jüngeren. Der Einzelne begrüßt die Gruppe. Der Gastgeber begrüßt den Gast und umgekehrt.
4. Begrüßen Sie Kollegen im Büro mit Handschlag?	Ja und nein. Eine Frage der betrieblichen Regelung.
5. Begrüßen Sie Personen, die Sie kennen, mit Namen?	Ja. Eventuell noch mit zusätzlichen freundlichen Worten.
6. Darf man sich über Kreuz begrüßen?	Nein. Überlieferter Aberglaube: Über Kreuz begrüßen bringt Unglück. Außerdem wirkt es ungeschickt.
7. Wenn Sie einen Besucher im Büro empfangen: Stehen Sie auf? Gehen Sie ihm entgegen?	Es kommt auf die Situation an. Beides ist möglich. Verhalten Sie sich der Situation angemessen. Sie können auch sitzenbleiben.

Fragen	Antworten
8. Wenn Sie einen Besucher empfangen, nehmen Sie ihm den Mantel ab oder zeigen Sie auf die Garderobe?	Das Angebot sollte immer von der Sekretärin kommen. Manche Besucher helfen sich trotzdem selbst.
9. Was halten Sie von einem Chef, der noch schnell *telefonieren* oder *diktieren* muß, wenn der Besucher schon da ist?	Er ist auf den Besuch nicht eingestellt, konzentriert sich nicht, er stellt die Geduld des Gesprächspartners auf die Probe.
10. Wenn Sie mit einer Kollegin im Ausland Verbindung aufnehmen: Verzichten Sie auf die Begrüßung?	Auch bei Ferngesprächen ist eine kurze, freundliche Begrüßung nicht falsch, bevor Sie zur Sache kommen.
11. Stehen Damen bei der Begrüßung / Vorstellung gesellschaftlich-beruflicher Anlässe auf?	Grundsätzlich nein. Ausnahmen: wenn sie Gastgeber (z.B. im Büro), Vertreterin des Chefs oder erheblich jünger sind.
12. Würden Sie im Ausland immer die deutsche Form der Begrüßung mit Handschlag wählen?	Man sollte sich an das Landesübliche halten. In Amerika reicht man sich bei der Begrüßung nicht die Hand.
13. Wie melden Sie sich am Telefon?	a) Wenn ich anrufe, mit Gruß. b) Wenn ich angerufen werde, zunächst mit dem Namen.
14. Wie soll ein Händedruck nicht sein?	Zaghaft, kraftlos, zu lang, zu stark, feucht.
15. Wie halten Sie Ihre Hände nach der Begrüßung?	Locker und entspannt; nicht in die Tasche stecken, nicht falten, nicht in die Seiten stemmen.
16. Was verstehen Sie unter Augenkontakt?	Den Gesprächspartner interessiert ansehen; nicht an ihm vorbeisehen, ihn nicht anstarren.
17. Was verstehen Sie unter Körpersprache?	Bewußte und unbewußte Mitteilung des Körpers durch Gesten und Bewegungen ohne Worte zur Bekräftigung des Gesprochenen.

Fragen	Antworten
18. Welchen Abstand halten Sie von anderen Personen?	Untersuchungen von R. Lay (Dialektik für Manager) ergaben: Intime Gesprächsdistanz 80 ± 20 cm Normale, berufliche Distanz 120 ± 30 cm Wahrnehmungsdistanz 220 ± 40 cm Öffentliche Distanz 4 bis 8 m und darüber.

Fragebogen:

Wissenswertes über Anreden

Fragen	Antworten
1. Haben Sie Hemmungen, Fremde anzusprechen oder sie um eine Gefälligkeit zu bitten?	Wenn Ja: Sie sollten die Hemmungen abbauen und üben, Fremde bewußt anzusprechen.
2. Darf man Titel abkürzen?	Nicht immer. Beispiel: In der Anrede ist Doktor = Dr., Professor muß ausgeschrieben werden.
3. Ihr Name wird falsch ausgesprochen — wie verhalten Sie sich?	Ich korrigiere sofort, eventuell mit Erklärung.
4. Gibt es regionale Unterschiede beim Nennen von Titeln?	Ja. In Österreich werden z. B. Berufe mit dem Namen verbunden.
5. Was sagen Sie, wenn Sie am Telefon einen Namen nicht verstanden haben?	*Bitte nicht*: Wer spricht dort? — Wie war doch Ihr Name? *Sondern*: Können Sie bitte Ihren Namen wiederholen? Ich habe Ihren Namen nicht verstanden.
6. Welche Anrede hört jeder am liebsten?	Seinen Namen.

Fragen	Antworten
7. Zwei Brüder sind Geschäftspartner: Dr. Manfred Schmitz und Hans Schmitz. Sie haben mit beiden verhandelt. Wie schreiben Sie: a) Anschrift? b) Anrede im Brief?	a) Herrn Dr. Manfred Schmitz und Herrn Hans Schmitz. b) Sehr geehrte Herren
8. Wo informieren Sie sich, wenn Sie Zweifel haben, wie jemand angeredet wird?	a) Sie fragen ihn selbst. b) Sie fragen seine Sekretärin. c) Sie benutzen ein Nachschlagewerk. d) Sie rufen bei einer Institution an.
9. Wer wird in Deutschland *Exzellenz* angeredet?	Nur ausländische Diplomaten und katholische Würdenträger.
10. Wie reden Sie weibliche Personen an mit dem Amt/ Titel: Präsident — Regierungsrat — Minister — Professor — Doktor?	Präsidentin — Regierungsrätin — Minister* — Professor* — Doktor. * Wenn gewünscht auch: Ministerin, Professorin etc.

Anreden richtig gebrauchen

Eine falsche Anrede genügt, um sich selbst in eine ungünstige Position zu bringen. Korrekte Anreden und Anschriften sind Voraussetzung für den Erfolg jedes Kontakts. Eine Werbesendung, die ohne *Herrn* oder *Frau* in der Anschrift losgelassen wird, gibt Aufschluß auf das Adressenmaterial und die Adressenpflege des Absenders. Ein vergessener Titel bedeutet Nichtachtung des Anzuredenden, oberflächliche unpersönliche Handhabung und Unkenntnis. Bei den bayerischen Ministerien wird vorausgesetzt, daß die Sekretärinnen z.B. alle Titel der Landtagsabgeordneten auswendig wissen, damit sie sie richtig am Telefon anreden.

Richtige Namensnennung, Anschriften und Anreden sind überaus wichtig und verdienen besondere Beachtung. Hier setzt wieder die Chefentlastung ein. Die Sekretärin muß dafür sorgen, daß Anreden und Anschriften korrekt gebraucht werden. Bei der Bundesregierung und den Ländern gibt es Protokollabteilungen, die sich unter anderem auch mit der Etikette beschäftigen. In den Sekretariaten ist die Sekretärin dafür zuständig. Für schwierige Anreden — auch auf diplomatischer Ebene — gibt es beim Bundesministerium des Innern, Protokollabteilung, eine Broschüre: *Hinweise für Anschriften und Anreden*. Hier können Sie sogar nachschlagen, wie der Papst angeredet wird.

Im Zweifelsfall hilft immer eine Anfrage, um richtige Titel oder Anreden festzustellen. Auch in Nachschlagewerken finden sich Informationen. Der *Duden Rechtschreibung* enthält z. B. die richtige Schreibweise der Diplome. Meine Tabellen (Seite 265 ff.) über wichtige Titel und Anreden enthalten:

1. Akademische Grade
2. Diplomtitel
3. Amtsbezeichnungen
4. Berufsbezeichnungen
5. Wirtschaftstitel
6. Funktionsbezeichnungen
7. Ehrentitel
8. Adelstitel

Ich empfehle jeder Sekretärin — nach diesem Schema —, für ihren eigenen Bereich Beispiele zu sammeln, um im Zweifelsfall sofort nachschlagen zu können. Bezeichnend für das nötige Fingerspitzengefühl auf diesem Gebiet ist folgende Situation: Da zur Anschrift eines Grafen der Vorname gehört, erkundigte ich mich bei der zuständigen Abteilung der Bayerischen Staatskanzlei. Im Gespräch ergaben sich weitere, interessante Gesichtspunkte. Auf die Frage, wo die zuständige Dame die Protokollfragen nachschlage, antwortete sie mir: *Nirgends, das habe ich im Kopf.*

Korrekte Anschriften und Anreden

Der erste Eindruck eines Schreibens entsteht durch die Adresse. Eine Anschrift kann durch ihre Korrektheit den Empfänger gewinnen oder ihn — bei unkorrekter Form — negativ stimmen und sogar verletzen. Deshalb sind für Anschriften und Anreden wesentliche Gesichtspunkte zu berücksichtigen. Grundsätzlich kann es Unterschiede geben bei

- persönlichen und privaten Schreiben
- beruflichen oder behördlichen Texten
- Korrespondenz aus gesellschaftlichem Anlaß.

Entsprechend sind Anforderungen zu berücksichtigen:

- Regeln für Maschinenschreiben DIN 5008
- Vorschriften und Merkblätter der Bundespost sowie Dienstordnungen
- Etikette und Protokoll.

Adressen, wie man sie heute leider häufig liest, die nur den Vornamen und Namen des Empfängers tragen, ohne einen Zusatz »Herr« oder »Frau« sind sehr unhöflich. Das kann mit der Speicherung der Adressen in einer EDV-Anlage nicht entschuldigt werden. Auch die Pflege der gespeicherten Adressen ist eine wichtige Aufgabe, weil hier sonst immer wieder Fehler abgeschrieben werden.

Änderungen haben sich gegenüber früheren Empfehlungen besonders bei den Adelsbezeichnungen ergeben, die jetzt als Bestandteil des Namens gelten und dadurch Unsicherheit hervorrufen. Offiziell stehen Adligen keine Adelsprädikate wie Durchlaucht, Königliche Hoheit zu. Das ist in Deutschland so. In anderen Ländern wie z.B. in England muß man sich nach dem Landesprotokoll erkundigen.

Auch in Nachschlagewerken werden oft falsche Angaben gemacht. Ich empfehle, in Zweifelsfällen die Protokollabteilung der Senats- und Staatskanzlei anzurufen und sich zu erkundigen. Dort bekommen Sie sehr freundliche und klare Antworten auf Ihre Fragen. Gerade bei Adelstiteln ist es besonders wichtig, sich auch nach den Vornamen zu erkundigen, weil sonst die Anschrift nicht einwandfrei formuliert werden kann. Dieser Anruf ist eine kleine Mühe, aber unbedingt notwendig!

Es muß noch erwähnt werden, daß Titel, Berufs- und Amtsbezeichnungen von Frauen immer häufiger in der weiblichen Form genannt werden, z.B. Frau Präsidentin, Frau Oberstudienrätin, Frau Regierungsrätin, Frau Ministerin. Weibliche Amtsbezeichnungen gibt es aber z.B. nicht für Regierungsamtmann. Auch die lateinischen Amtsbezeichnungen und Titel wie Doktor, Professor gelten meist noch für beide Geschlechter. In Österreich ist es nicht mehr üblich, die Frauen mit den Titeln oder Bezeichnungen ihrer Männer anzureden.

Da sich — nach dem Bundesgesetz — weibliche Richter als Richterin und weibliche Beamte als Beamtinnen bezeichnen dürfen, soll zu einer »freien Persönlichkeitsentfaltung« auch der maskuline Titel »Professor« eine feminine Variante bekommen. Nach einer Verordnung in Niedersachsen können weibliche Professoren bei der Ernennung bestimmen, ob sie »Professor« sein wollen oder »Professorin«.

So wird das Dickicht der richtigen Anrede noch unübersichtlicher.

Der Wunsch, Titeländerungen gesetzlich bestätigt zu bekommen, führt nicht immer zum Erfolg. Ein Diplomingenieur aus dem Landkreis München war vor Gericht gezogen, weil die Gemeindeverwaltung einen Paßeintrag »Diplomingenieur« abgelehnt hatte. Der Akademiker wollte vor Gericht die grundgesetzlich verbriefte Gleichbehandlung durchsetzen. Das Gericht entschied. daß zur persönlichen Identifikation kein Titel wie Dipl.-Ing. nötig sei. Die Ausnahme bleibt — gewohnheitsrechtlich — der Doktortitel.

Übersicht über wichtige Titel und Anreden

1. Akademische Grade = Stufen in der Laufbahn der Hochschullehrer nach bestimmten Prüfungen Name: Hans Kling

* Bitte beachten Sie die übliche oder persönlich gewünschte weibliche Form

Person/Rang	Anrede im Gespräch	Anrede im Beruf	Briefanschrift
Dr. jur.	Herr Dr. Kling	Sehr geehrter Herr Dr. Kling	Herrn Dr. Hans Kling
Dr. med.	Herr Doktor Herr Dr. Kling	Sehr geehrter Herr Doktor Sehr geehrter Herr Dr. Kling	Herrn Dr. Hans Kling
Professor*	Herr Professor Kling Herr Professor	Sehr geehrter Herr Professor Kling Sehr geehrter Herr Professor Sehr geehrter Herr Prof. Kling	Herrn Prof. Dr. Hans Kling Herrn Universitätsprofessor Dr. Hans Kling

2. Diplomtitel

Person/Rang	Anrede im Gespräch	Anrede im Beruf	Briefanschrift
Dipl.-Kfm.*	Herr Kling	Sehr geehrter Herr Kling	Herrn Dipl.-Kfm. Hans Kling
Dipl.-Handelslehrer*	Herr Kling	Sehr geehrter Herr Kling	Herrn Dipl.-Hdl. Hans Kling Herrn Hans Kling Dipl.-Handelslehrer

3. Amtsbezeichnungen = Bezeichnungen nach dem Amt, das jemand bekleidet   Name: Hans Kling
  * Bitte beachten Sie die übliche oder persönlich gewünschte weibliche Form

Person/Rang	Anrede im Gespräch	Anrede im Beruf	Briefanschrift
Bundesminister*	Herr Bundesminister Herr Minister Herr Kling	Sehr geehrter Herr Bundesminister Sehr geehrter Herr Minister Sehr geehrter Herr Kling	An den Bundesminister für Finanzen Herrn Hans Kling
Landesminister*	Herr Staatsminister Herr Minister Herr Kling	Sehr geehrter Herr Staatsminister Sehr geehrter Herr Minister Sehr geehrter Herr Kling	An den Staatsminister im Wirtschaftsministerium Herrn Hans Kling
Staatssekretär*	Herr Staatssekretär Herr Kling	Sehr geehrter Herr Staatssekretär Sehr geehrter Herr Kling	An den Staatssekretär des Bundesministeriums … Herrn Hans Kling
Ministerialdirektor*	Herr Ministerialdirektor Herr Kling	Sehr geehrter Herr Ministerialdirektor Sehr geehrter Herr Kling	Herrn Ministerialdirektor Hans Kling
Präsident des Bundestages*	Herr Bundestagspräsident Herr Präsident	Sehr geehrter Herr Bundestags- präsident Sehr geehrter Herr Präsident	An den Präsidenten des Deutschen Bundestags Herrn Hans Kling
Vizepräsident*	Herr Präsident	Sehr geehrter Herr Präsident	An den Vizepräsidenten des …… Herrn Hans Kling
Amtmann*	Herr Kling	Sehr geehrter Herr Kling	Herrn Hans Kling
Oberstudiendirektor*	Herr Oberstudiendirektor Herr Kling	Sehr geehrter Herr Oberstudiendirektor Sehr geehrter Herr Kling	Herrn Oberstudiendirektor Hans Kling

4. Berufsbezeichnungen

* Bitte beachten Sie die übliche oder persönlich gewünschte weibliche Form

Person/Rang	Anrede im Gespräch	Anrede im Beruf	Briefanschrift
Rechtsanwalt/Dr.*	Herr Rechtsanwalt Herr Dr. Kling	Sehr geehrter Herr Rechtsanwalt Sehr geehrter Herr Dr. Kling	Herrn Rechtsanwalt Dr. Hans Kling
Pfarrer	Herr Pfarrer Herr Kling	Sehr geehrter Herr Pfarrer Sehr verehrter Herr Pfarrer Sehr geehrter Herr Kling	Herrn Pfarrer Hans Kling
Konsul*	Herr Konsul Herr Kling	Sehr geehrter Herr Konsul Sehr geehrter Herr Kling	Herrn Konsul Hans Kling
Zahnarzt*	Herr Doktor Herr Kling	Sehr geehrter Herr Kling	Herrn Zahnarzt Hans Kling

5. Wirtschaftstitel

Aufsichtsrats- vorsitzender*	Herr Kling	Sehr geehrter Herr Kling	Herrn Hans Kling Aufsichtsratsvorsitzender …
Generaldirektor*	Herr Generaldirektor	Sehr geehrter Herr Kling	Herrn Generaldirektor Hans Kling

6. Funktionsbezeichnungen = Stellung in einer Einrichtung

Name: Hans Kling

* Bitte beachten Sie die übliche oder persönlich gewünschte weibliche Form

Person/Rang	Anrede im Gespräch	Anrede im Beruf	Briefanschrift
Rektor einer Universität, Professor	Herr Professor/ Magnifizenz	Sehr geehrter Herr Professor	An den Rektor der Universität... Herrn Professor Dr. Hans Kling
Bürgermeister*	Herr Bürgermeister	Sehr geehrter Herr Bürgermeister	Herrn Hans Kling Bürgermeister ......
Chef der Staats- kanzlei	Herr Kling	Sehr geehrter Herr Kling	Herrn Hans Kling Chef der Staatskanzlei An den Chef der Staatskanzlei Herrn Hans Kling
Betriebsleiter*	Herr Kling selten: Herr Betriebsleiter	Sehr geehrter Herr Kling	Herrn Hans Kling Betriebsleiter ......

7. Ehrentitel = Zur Anerkennung besonderer Verdienste und zur Ehrung vom Staat verliehene Bezeichnungen

Professor* (ohne Lehramt)	Herr Professor	Sehr geehrter Herr Professor Sehr geehrter Herr Professor Kling	Herrn Professor Hans Kling
Kammersänger*	Herr Kammersänger Herr Kling	Sehr geehrter Herr Kammersänger Sehr geehrter Herr Kling	Herrn Kammersänger Hans Kling
Staatsschau- spieler*	Herr Hans Kling Herr Staatsschauspieler	Sehr geehrter Herr Kling Sehr geehrter Herr Staatsschauspieler	Herrn Staatsschauspieler Hans Kling

8. Adelstitel = Titel, aus denen die Zugehörigkeit zum Adel hervorgeht.
Der Titel ist Bestandteil des Namens. Hier: gesetzliche Form

Name: Hans Kling

Person/Rang	Anrede im Gespräch	Anrede im Beruf	Briefanschrift
Freiherr	Herr Baron von Kling	Sehr geehrter Herr Baron von Kling	Herrn Hans Freiherr von Kling
Graf	Herr Graf von Kling	Sehr geehrter Herr Graf von Kling	Herrn Hans Graf von Kling
Freifrau	Frau Baronin von Kling	Sehr geehrte Frau Baronin von Kling	Frau Gisa Baronin von Kling

Anreden und Anschriften empfohlen vom Bundesministerium des Innern

Die Protokollabteilung des Bundesministeriums des Innern hat interne »Hinweise für Anschriften und Anreden« veröffentlicht, die Richtlinien für die Ansprache besonderer Personen — bis zum »Papst« — enthalten.

Sie sind nach fast täglich eingehenden Anfragen aus allen Bereichen entstanden und helfen, Unsicherheit auszuräumen und nach den heutigen Gesichtspunkten zu formulieren. Dabei wird es immer Ausnahmen und Besonderheiten geben, z. B. beim dienstlichen Schriftverkehr der Behörden, bei Fernschreibern usw. Auch die Beziehung des Senders zum Empfänger spielt eine Rolle. Im geschäftlichen Bereich klingt die Anrede anders als im gesellschaftlichen. Ein konservativer Briefpartner wird eventuell anders angesprochen als ein moderner. Auch die Grußformel »Mit vorzüglicher Hochachtung« kann noch gelten — je nachdem, an wen man schreibt. Hier ist also nicht nur das Wissen, sondern auch das Takt- und Stilgefühl einer perfekten Sekretärin nötig, um die feinen Unterschiede zu erkennen.

Umgang mit ausländischen Geschäftspartnern

Neben allen geschäftlichen Interessen ist es immer wichtig, die Eigenheiten des Landes, die besonderen Verhaltensweisen von Ausländern und auch die Tabus zu kennen. Darüber informiert der Protokollchef des DIHT, Dr. Heinz Commer, in seinem Buch »Knigge International« (im Econ Verlag) in einem bunten Potpourri.

Wir nennen Ihnen einige Beispiele:

- Asien: Eile, Ungeduld, Hektik ist Tabu.
- Arabische Länder: Keinen Alkohol oder Schweinefleisch anbieten. Fotografieren von Personen nur mit

Erlaubnis. Nicht die linke Hand geben oder mit der linken Hand essen.

- Bangladesch: Nur Herren mit Handschlag begrüßen.
- Belgien: Blumen eingepackt übergeben.
- Brasilien: Damen (auch relativ Fremde) werden bei der Begrüßung auf beide Wangen geküßt.
- Frankreich: Nicht überpünktlich sein. Bei Geschäftsessen erst nach dem Essen verhandeln.
- England: Geschenke an Beamte sind unmöglich.
- Japan: Dem Gastgeber nicht den Rücken zuwenden. Schuhe vor der Wohnung ausziehen. Unbedingt eine 2. Tasse Tee nehmen.

Es gibt institutionelle Einrichtungen, die Informationen (über Verbindungen und Wirtschaftsverhältnisse) für deutsche Geschäftsreisen ins Ausland verschicken, z. B.:

BfAI Bundesstelle für Außenhandelsinformationen, Postfach 10 80 07, 5000 Köln 1, Telefon (02 21) 20 57-1. Hier erscheint eine Reihe »Geschäftsfreunde in …«, die sich auch damit beschäftigt, wie Sie in den verschiedenen Ländern Freunde gewinnen. Interessant sind auch die Informationen zum Verkauf, zu Lieferanten, über Reisen in die verschiedenen Länder.

IFA Institut für Auslandsbeziehungen, Charlottenplatz 17, Stuttgart 1, Telefon (07 11) 22 17 66 (Seminare, Öffentlichkeitsarbeit, Zeitschrift für Kulturaustausch).

DIHT Deutscher Industrie- und Handelstag, Adenauer Allee 148, 5300 Bonn 1, Telefon (02 28) 10 40. Der DIHT vermittelt Geschäftsbeziehungen und informiert über die Deutschen Auslandshandelskammern.

Umgang mit Menschen und Chefentlastung
Überblick zur Selbsteinschätzung
(nach der gesetzlichen Verordnung »Geprüfte Sekretärin«)

Die Sekretärin

- beachtet die Probleme des menschlichen Miteinanders und setzt sich sachlich mit ihnen auseinander
- schätzt Verhaltensweisen richtig ein und reagiert entsprechend
- unterscheidet, welche Informationen an Besucher sachgerecht sind und weitergegeben werden können
- weiß Bescheid über Ursachen und Folgen von Aggressionen
- erkennt schwierige Typen.

Kapitel 12

Betriebsklima und Drehscheibe Sekretariat

Das gute Betriebsklima: Was steckt dahinter?
Test

Lösungen und Auswertung zum Test: Was steckt dahinter?

Informationsbehandlung und Managementwissen

Wie Sekretärinnen sich ihren Chef wünschen
Checkliste: Haben Sie den idealen Chef?

Umgang mit Menschen und Chefentlastung
Überblick zur Selbsteinschätzung
(nach der gesetzlichen Verordnung »Geprüfte Sekretärin«)

Betriebsklima und Drehscheibe Sekretariat

Das Sekretariat als Drehscheibe steht im Mittelpunkt des Betriebsklimas. Auch hier ist Chefentlastung angebracht. Oft wirkt eine beruhigende Art der Sekretärin Wunder bei Konflikten. Es muß nicht immer sein, daß der Chef gleich ein *Machtwort* spricht.

Der Chef erwartet Loyalität, die Mitarbeiter erwarten Verständnis, Vermittlung für ihre Probleme: Eine Sekundär-Information an den Chef kann vieles steuern, Negatives positiv beeinflussen und umgekehrt. Das zeigt schon ein einfaches Beispiel:

Wenn eine Kollegin am Montag krank ist, können Sie sagen:

a) *Das habe ich mir schon gedacht, sie hatte am Freitag Halsschmerzen.*

oder

b) *Was macht sie nur, immer montags ist sie krank.*

An diesem Beispiel wird sichtbar, wie wichtig es ist, sachlich und nicht emotional zu reagieren, wenn ein gutes Betriebsklima geschaffen werden soll.

Psychologisches Geschick und Diplomatie ist oft nötig, um Interessenskonflikte zu vermeiden. Für die psychologische Weiterbildung der Sekretärin wird leider relativ wenig getan, sie muß selbst die Initiative ergreifen. Das Wichtigste ist eine positive Einstellung der Umwelt gegenüber, positives Verhalten selbst bei Aggressionen anderer. Aggressionen lassen sich durch ruhigen Ton, sachliche Beweise, geschicktes Fragen und Verständnis manchmal schon abbauen.

Als engste Mitarbeiterin des Chefs bemerkt die Sekretärin oft früher als er Veränderungen an den Mitarbeitern. In einem Artikel *(Blick durch die Wirtschaft)* stand, daß ihre Mittlerfunktion so weit geht, daß sie die *innere Kündigung* erkennt und verhindern kann.

Verständnis für den anderen hat nur, wer es versteht, sich in dessen Situation zu versetzen. Wie weit Sie diese Kunst beherrschen, können Sie mit dem Test *Was steckt dahinter?* prüfen.

Wenn Sie den Test ausgewertet haben, nehmen Sie sich die Aussagen vielleicht noch einmal vor und überlegen sich, wie Sie reagieren, was Sie sagen würden, um eine positive Atmosphäre zu schaffen.

Das gute Betriebsklima: Was steckt dahinter?
Test

Zum richtigen Umgang im Betrieb gehört das Verständnis für den anderen. Hinter den Worten können sich Empfindungen verbergen, die nicht ausgesprochen werden. Sie zu entdecken, sie richtig zu deuten und entsprechend zu reagieren, setzt besondere Bereitschaft und großes Einfühlungsvermögen voraus. Th. Gordon gibt in seinem Buch *Die Familienkonferenz* Anleitungen, auf Empfindungen zu hören. Ich habe diese Übung — nach Beratung mit einem Psychologen — auf die Situation im Betrieb bezogen.

1. Bitte versuchen Sie, die Empfindungen, die hinter der Botschaft stecken, herauszuhören.

2. Schreiben Sie Empfindungen in die Antwortspalte. Es können jeweils zwei Begriffe sein, z.B. *er ist froh, er ist erleichtert.*

3. Vergleichen Sie Ihren Eindruck mit den Lösungen und bewerten Sie Ihre Antworten.

4. Addieren Sie die Punkte. Die Gesamtzahl sagt Ihnen, wie Sie Empfindungen erkennen können.

Test

	Sprecher	Text	Empfindungen
1.	*Chef*	Gott sei Dank, nur noch 10 Tage bis zum Urlaub.	
2.	*Chef*	Sehen Sie mal, wie gut unsere Monatsbilanz aussieht!	
3.	*Kollegin*	Kommen Sie doch auch mit zum Chef, wenn wir unsere Verbesserungsvorschläge vortragen. Ohne Sie klappt es bestimmt nicht richtig.	
4.	*Kollegin*	Ist das heute ruhig. Kein Mensch ruft an.	
5.	*Chef*	Was soll ich nur machen? Obwohl ich mich so bemühe, hat der Bezirk Hamburg einen besseren Umsatz.	
6.	*Kollege*	Ich schaffe meine Arbeit überhaupt nicht — was soll ich nur machen?	
7.	*Telefondienst*	Die ganze Abteilung feiert Geburtstag. Mich haben sie nicht eingeladen.	
8.	*Kollege*	Fräulein M. hat mit der neuen Aufgabe eine Gehaltsaufbesserung bekommen. Das hätte ich auch gekonnt.	
9.	*Chef*	Ich hätte Herrn B. nicht so scharf kritisieren sollen. Das war nicht richtig von mir.	
10.	*Kollegin*	Ich möchte meinen neuen Schreibmaschinentisch selbst aussuchen. Es ist ja schließlich mein Arbeitsplatz.	
11.	*Chef*	Glauben Sie wirklich, daß das Angebot so richtig formuliert ist? Ob wir den Auftrag bekommen?	

	Sprecher	Text	Empfindungen
12.	*Sachbe-arbeiter*	Ich habe es satt: Warum soll gerade ich das wieder ma-chen? Herr Y. kann das genau-sogut übernehmen.	
13.	*Kollegin*	Das kann ich ganz allein erledi-gen. Dazu brauchen Sie mir keine weiteren Anweisungen zu geben.	
14.	*Kollegin*	Das neue System ist zu kompli-ziert. Ich begreife nicht, was das soll.	
15.	*Kollegin*	Lassen Sie nur. Ich will nicht mehr darüber reden. Es ver-steht mich ja doch niemand.	
16.	*Neue Mit-arbeiterin*	Früher ist mir das alles viel leichter gefallen. Heute schaffe ich einfach nichts mehr.	
17.	*Kollegin*	Ich möchte gern wieder einlen-ken. Wenn er aber meine Ent-schuldigung nicht annimmt?	
18.	*Kunde*	Mit Herrn B. rede ich kein Wort mehr. Er war zu unverschämt!	
19.	*Kollege*	Ich bin froh, in dieser Abteilung zu sein und nicht bei Herrn M.	
20.	*Chef*	Wenn ich nur wüßte, ob das der richtige Zeitpunkt ist. Ich habe eine richtige Pechsträhne. Soll ich nun nach Hamburg fahren oder nicht?	

Bewerten Sie jetzt bitte Ihre Reaktionen nach dem Bewer-tungsschlüssel. Addieren Sie alle Punkte.

Lösungen und Auswertung zum Test: Was steckt dahinter?

Lösungen:

1. a) froh, weil bald Entlastung vom Streß
   b) erleichtert

2. a) stolz
   b) erfreut

3. a) ängstlich
   b) furchtsam

4. a) gelangweilt
   b) ratlos .

5. a) fühlt sich unzulänglich
   b) entmutigt

6. a) empfindet die Aufgabe als zu schwer
   b) fühlt sich hilflos

7. a) zurückgelassen
   b) einsam

8. a) fühlt sich ungerecht behandelt
   b) kommt sich tüchtig vor

9. a) fühlt sich schuldbewußt
   b) bedauert seine Handlungsweise

10. a) ärgert sich über Einmischung
    b) fühlt sich bevormundet

11. a) hat einige Zweifel
    b) ist nicht sicher

12. a) zornig
    b) ablehnend

13. a) kommt sich tüchtig vor
    b) will keine Hilfe

14. a) fühlt sich unzulänglich
    b) frustriert

15. a) fühlt sich verletzt
    b) empfindet Ärger
    c) fühlt sich ungeliebt

16. a) entmutigt
    b) möchte aufgeben
17. a) möchte auf den anderen zugehen
    b) Angst vor Zurückweisung
18. a) ärgerlich
    b) empört
19. a) fühlt sich gut aufgehoben
    b) erkennt den Chef an
20. a) zweifelt
    b) unsicher

Bewertungen

Geben Sie sich *4 Punkte* für Reaktionen, von denen Sie das Gefühl haben, daß sie denen des Lösungsschlüssels entsprechen. (4 Punkte sind das Maximum für jede Aufgabe.)

Geben Sie sich *2 Punkte* für Reaktionen, die nur teilweise zutreffen oder bei denen Sie eine besondere Empfindung ausgelassen haben.

Geben Sie sich *0 Punkte*, wenn Ihre Reaktion ganz falsch war.

Ihre Gesamtpunktzahl:
Wie Sie im Erkennen von Empfindungen reagieren:

61—80 Punkte:
Überragendes Erkennen von Empfindungen.

41—60 Punkte:
Überdurchschnittliches Erkennen von Empfindungen.

21—40 Punkte:
Durchschnittliches Erkennen von Empfindungen.

0—20 Punkte:
Schlechtes Erkennen von Empfindungen.

Informationsbehandlung und Management- wissen

Die Sekretärin erhält Informationen von vielen Seiten: vom Chef, von den Mitarbeitern, von Firmenfremden und Geschäftsfreunden. Sie sind sowohl privater als auch geschäftlicher Natur. Grundkenntnisse des Managements sind Voraussetzung, um allen Anforderungen gerecht zu werden und dabei die jeweiligen Erwartungen nicht zu enttäuschen:

- Welche Informationen sind weiterzuleiten?
- Welche Informationen sollte die Sekretärin für sich behalten?
- Wie sind die Informationen weiterzugeben?
- Welche Rolle spielen Sympathie und Antipathie?
- Was für Konsequenzen können durch Informationsweitergabe oder -zurückhaltung entstehen?

Das Bayerische Staatsministerium für Arbeit und Sozialordnung hat nach einem Forschungsprojekt zum Thema »Betriebsklima« die Ergebnisse in einer Kurzfassung veröffentlicht. In der Broschüre »Betriebsklima geht jeden an« wird gesagt, worauf es ankommt; was jeder — auch die Sekretärin — dazu beitragen muß, damit das Betriebsklima gut bleibt oder besser wird. Sie wird (bitte frankierten, adressierten Umschlag DIN A5) an Interessenten verteilt.

Als Leitfaden für die Sekretärin und ihren Einfluß auf das Betriebsklima können die Schwerpunkte der gesetzlichen Verordnung »Geprüfte Sekretärin« gesehen werden:

Die Sekretärin

- beachtet die Probleme des menschlichen Miteinanders und setzt sich sachlich mit ihnen auseinander,
- weiß, welche Verhaltensweisen frustrieren oder motivieren,

Schlechtes Betriebsklima: unzufriedene
Mitarbeiter und weniger Leistung

Gutes Betriebsklima: Voraussetzung
für zufriedene Mitarbeiter und
einen erfolgreichen Betrieb.

Das Betriebsklima
ist um so schlechter, je mehr
Personen in einem Raum zusammen arbeiten....

- erkennt Konflikte und begegnet ihnen sachlich,
- erkennt personelle und sachliche Faktoren, die das betriebliche Klima bestimmen.

Eine gute Einführung in das Thema Management — auch im Zusammenhang mit dem Betriebsklima und der Sekretärin als Informationsquelle — bietet das Buch *Die Sekretärin im Management* von Reinhard Höhne/Gisela Böhme, Bad Harzburg.

Denken Sie immer daran: Die Steuerung des Betriebsklimas beginnt schon im Sekretariat. Die psychologischen Grundlagen für die Einstellung zu Chef und Mitarbeitern und Möglichkeiten zum besseren Verständnis und zur Verhaltensänderung bietet auch die Transaktionsanalyse, die Thomas A. Harris in seinem Buch *Ich bin o.k. — Du bist o.k.*, Reinbek bei Hamburg, beschreibt.

Firmen und Chefs wissen, wie wichtig das Betriebsklima für eine positive Entwicklung des menschlichen Miteinanders und damit auch für das Erreichen der Unternehmensziele ist. Sie leisten ihren Beitrag zum guten Betriebsklima, indem sie die Zufriedenheit der Mitarbeiter anstreben und auch das gesellige Zusammensein — z.B. beim Betriebsausflug oder bei der Weihnachtsfeier — fördern. Die Mithilfe der Sekretärin, sei es nun im persönlichen Gespräch oder sogar mal bei einem Kaffeeklatsch ist unerläßlich.

Wie Sekretärinnen sich ihren Chef wünschen

In Sekretärinnenseminaren werden immer wieder Wünsche und Erwartungen geäußert — den Chef betreffend. Dabei ist eines ganz klar: Ein Chef muß so akzeptiert werden, wie er ist. Dafür ist er Chef und Sie sind Sekretärin. Trotzdem sind Wunschvorstellungen nicht verboten; sicher läßt sich auch der eine oder andere Wunsch mit diplomatischem Geschick erfüllen.

Da in diesem Buch soviel von Anforderungen an die Sekretärin die Rede ist, soll aber auch eine humorvolle Wunschliste zum Chef nicht fehlen. Diese Liste ist in einem Seminar entstanden und in einer Information für Chefs, dem *Führungskräfte-Brief*, veröffentlicht worden.

Checkliste: Haben Sie den idealen Chef?

Der ideale Chef:	Ja	Nein
• kommt morgens etwas später	☐	☐
• ist ausgeglichen, ohne Launen	☐	☐
• kann Arbeitsumfang abschätzen	☐	☐
• teilt seine Arbeit rationell ein	☐	☐
• arbeitet diszipliniert	☐	☐
• ist ordentlich	☐	☐
• gibt Informationen weiter	☐	☐
• hält Überstunden in Grenzen	☐	☐
• läßt privaten Ärger zu Hause	☐	☐
• ist nicht kleinlich	☐	☐
• denkt an Gehaltserhöhung	☐	☐
• informiert über seine Gesprächspartner	☐	☐
• sagt immer, wann er wiederkommt	☐	☐
• sagt, wo er zu erreichen ist	☐	☐
• geht mal mit »ihr« zum Essen	☐	☐
• dankt und lobt	☐	☐
• unterbricht ihre Arbeit nicht ständig	☐	☐
• redet beim Telefonieren nicht dazwischen	☐	☐
• steht beim Schreiben nicht hinter ihr	☐	☐
• ist großzügig und humorvoll	☐	☐
• diktiert auf Band	☐	☐
• nuschelt nicht	☐	☐
• beherrscht Diktierregeln	☐	☐
• hat Verständnis für ihre Probleme	☐	☐
• kritisiert sie nicht vor anderen	☐	☐

▷

	Ja	Nein
● steht vor anderen »hinter« ihr	☐	☐
● läßt sie selbständig arbeiten	☐	☐
● zieht sie ins Vertrauen	☐	☐
● sorgt für ein gutes Betriebsklima	☐	☐
● schmollt nicht	☐	☐
● sagt klar, was er denkt	☐	☐
● hält sich an den kooperativen Führungsstil	☐	☐
●	☐	☐
●	☐	☐

Umgang mit Menschen und Chefentlastung
Überblick zur Selbsteinschätzung
(nach der gesetzlichen Verordnung »Geprüfte Sekretärin«)

Die Sekretärin

● beachtet die Probleme des menschlichen Miteinanders und setzt sich sachlich mit ihnen auseinander

● weiß, welche Verhaltensweisen frustrieren oder motivieren

● erkennt Konflikte und begegnet ihnen sachlich

● erkennt personelle und sachliche Faktoren, die das betriebliche Klima bestimmen

Register